AF525501

DON
BOSCO

Puppen theater mit Kindern

Handpuppen und Figuren basteln und gestalten, Geschichten erfinden und selbst aufführen

Gerne nehmen wir Ihre Anregungen, Wünsche, Kritik oder Fragen entgegen:
Don Bosco Medien GmbH, Sieboldstraße 11, D-81669 München
anregungen@donbosco-medien.de
Servicetelefon +49(0)89 48008-341

Bibliografische Information der Deutschen Nationalbibliothek

Die Deutsche Nationalbibliothek verzeichnet diese Publikation in der Deutschen Nationalbibliografie; detaillierte bibliografische Daten sind im Internet über http://dnb.d-nb.de abrufbar.

1. Auflage 2021 / ISBN 978-3-7698-2525-1

www.donbosco-medien.de
Umschlag und Layout: ReclameBüro, München
Fotos und Skizzen: Angelika Albrecht-Schaffer
Redaktion: Helene Weinold
Satz: Don Bosco Medien GmbH, München
Druck: Don Bosco Druck & Design, Ensdorf

Gedruckt auf umweltfreundlichem Papier

Inhalt

Die faszinierende Welt des Puppentheaters

Willkommen in der vielseitigen Welt des Puppentheaters – oder des Figurentheaters, wie es seit dem 19. Jahrhundert genannt wird, um es von traditionellen Formen abzugrenzen und neue faszinierende Entwicklungen mit einzuschließen. Da werden bestimmt sofort Kindheitserinnerungen an eine Aufführung in einem Marionettentheater oder den Besuch eines Kasperltheaters wach. Was eben noch als lebloses Tuch mit einer Kugel auf dem Tisch lag, beginnt mit der gemeinsamen Fantasie von Zuschauer und Spieler zu leben. Die Figur spricht mit den Kindern und nimmt sie mit allen Sinnen in eine Geschichte hinein. Das Kind spricht mit der Puppe und erzählt ihr persönliche Dinge.

Im Bau entsteht aus alltäglichen Materialien eine Puppe, die zum Partner mit einem eigenen Charakter und einem Eigenleben wird. Beim Puppenbau mit den Kindern stehen die Freude am Gestalten und das eigenständige kreative Schaffen im Vordergrund. Die Übungen und Spielideen helfen, die Figur ins Spiel zu bringen, einen Charakter, eine Stimme und passende Bewegungen zu finden. Abschließend gibt es Anregungen, wie ein Abenteuer entwickelt und aufgeführt werden kann. Allein oder im Team kann ein Theaterstück für die Kinder entstehen. Eine wunderbare Idee ist der Chor mit Sockenpuppen aus einem Leintuch heraus.

Das Projekt könnte sich über einen längeren Zeitraum erstrecken – bis hin zu einer Präsentation vor Publikum. Geschichten lassen sich spannend mit den Möglichkeiten des Figurentheaters umsetzen.

In diesem Buch finden sich einfache bis anspruchsvolle Anleitungen, nach denen sich mit Kindern Puppen bauen lassen. Es soll ebenso dazu anregen, eine eigene Figur zu erschaffen, die ihren Einsatz im pädagogischen Alltag findet. Sie kann im Stuhlkreis auftreten oder methodisch eingesetzt werden, um Spiele einzuführen, Geschichten zu erzählen oder Wissenswertes zu erklären. Sie steht den Kindern zum Selbstspielen zur Verfügung. Sie darf „schimpfen", auf ein Problem hinweisen und loben.

Der Einblick in die Geschichte des Puppentheaters soll dazu ermuntern, sich auf Spurensuche in den verschiedenen Kulturen zu begeben. Er möchte auf die unterschiedlichen Entwicklungen eingehen und eine Auswahl von bedeutenden Puppenbauern und -spielern sowie Theatern vorstellen.

Wir können der Fantasie ihren freien Lauf lassen und uns auf eine Entdeckungsreise in die fantastische Welt des Figurentheaters begeben, die weit über das hinausgeht, was in diesem Buch zu finden ist. Wer weiß, vielleicht ist unter den Kindern sogar jemand, der Puppenspieler oder -spielerin werden möchte?

Handpuppe, Marionette, Klappmaulfigur, Tischfigur: die Art der Führung

Puppen, die von unten geführt werden, können direkt oder über einen Stab mit der Hand des Spielers verbunden sein.

- Der Kopf der Figur ist direkt mit der Hand des Spielers verbunden: Dazu zählen unter anderem die Knotenpuppe, die Fingerpuppe, die Handpuppe, die Klappmaulfigur und Sockenpuppen.
- Der Kopf der Figur ist über einen Stock mit dem Spieler verbunden: Dazu zählen die Stabfigur, die Schattenspielfigur, die Marotte, die Flachfigur und die Stockpuppe.

Diese Figuren treten meist hinter einem Bühnenvorhang an einer Spielleiste auf.

Figuren die von oben geführt werden, sind über einen Draht oder Fäden mit einem oder mehreren Spielern verbunden. Die bekanntesten Vertreter sind alle Marionettenformen und das Papiertheater. Dafür bedarf es einer Bühne, bei der die Spieler erhöht auf einer sogenannten Brücke stehen und über ein Spielkreuz die Figur animieren.

Zu den Figuren, die von hinten geführt werden, zählen die Tischfigur, einige Formen der Klappmaulfigur und die Puppen des Bunraku, einer japanischen Form des Figurentheaters. Bei Letzterem führen mindestens drei Spieler die Figur an kurzen Stäben. Ihr Spielort ist meist ein Tisch, ein Behälter, aus dem die Figur herauskommt, oder der Schoß des Spielers.

Theater mit langer Tradition in allen Kulturen

Dieser unvollständige Einblick in die Geschichte des Puppentheaters soll neugierig machen auf ein Metier, das es auf der ganzen Welt gibt. Es existiert fast kein Land, in dem nicht mit Puppen Theater gespielt wird. Da bietet es sich an, die Kinder berichten und recherchieren zu lassen, was sie davon aus ihrer Tradition und Kultur kennen.

Der Begriff „Puppentheater" ist gebräuchlich für viele traditionelle Formen des Figurenspiels. Im 19. Jahrhundert taucht der Begriff „Figurentheater" auf, der neue Spielformen mit aufnimmt, beispielsweise das Spiel mit Objekten, die offene Spielweise oder die Verknüpfung verschiedener Figurenformen zu anderen darstellenden Künsten.

Die Anfänge des Puppenspiels lassen sich nicht festlegen. Es hat sich in verschiedenen Kulturen zur gleichen Zeit unterschiedlich entwickelt und über Handelswege verbreitet.

Es wird vermutet, dass Höhlenzeichnungen aus der **Steinzeit** (vor etwa 35 000 Jahren) auf die Verwendung von Figuren für kultische Handlungen hinweisen. In einigen Ländern spielten Puppen eine Rolle als symbolische und kultische Gegenstände in Zusammenhang mit religiösen Handlungen oder Fruchtbarkeits- und Dämonenzauber. Stock- und Stabpuppen tauchen vor über 2000 Jahren in China in Zusammenhang mit dem Begräbniskult auf.

Die ersten Marionetten erschienen möglicherweise im **asiatischen Raum**. In **China** kam das Figurenspiel im 7.–11. Jahrhundert nach Christus regelrecht in Mode. Professionelle Puppenspieler traten meist mit Stockpuppen und Marionetten im Kaiserpalast, in den Haushalten reicher Mandarine, auf Märkten und in Lusthäusern auf.

Im **antiken Griechenland** gab es Marionettenspieler, die damit ihren Lebensunterhalt verdienten. Der Philosoph Aristoteles beschreibt im 3. Jahrhundert vor Christus eine Figur, die den Kopf drehen, den Nacken, die Glieder und die Augen bewegen konnte. Noch 100 Jahre früher verwendet Platon in seinen Schriften mehrfach das Bild von der an Fäden gezogenen Gliederpuppe als Symbol für menschliche Abhängigkeit.

In **islamischen Ländern** gab es sowohl Aufführungen mit Stab- oder Handpuppen als auch Marionetten- und Schattenspiele, vor allem an den Abenden des heiligen Monats, des Ramadan.

In **Indonesie**n werden das traditionelle Schattenspiel, das Spiel mit Puppen und das Maskenspiel als Wayang bezeichnet.

Im **Mittelalter** brachten auf den Marktplätzen Puppenspieler dem einfachen Volk an religiösen Feiertagen in „Mysterienspielen" christliche Glaubensinhalte näher.

In **Deutschland** tauchte Ende des 14. Jahrhundert das **„Tockenspiel"** auf. Das Wort „Tocke" bedeutet Puppe. Die Spiele waren eine derbe Volksbelustigung und keine Unterhaltung für Kinder. Umherziehende Schauspieler – das „fahrende Volk" – präsentierten die Stücke auf Jahrmärkten, Volksfesten und der Kirmes. Das deutsche Trauerspiel „Vom erschröcklichen Erzzauberer Johannes Fausten, seinem Seelenhandel mit dem Teufel und seiner schließlichen Höllenfahrt" war zeitweise das meistgespielte Stück des Puppentheaters und diente Johann Wolfgang von Goethe als Vorlage für den „Faust". Der große Dichter spielte als Kind selbst leidenschaftlich gern mit seinem Puppentheater.

In **England** war im 16. Jahrhundert William Shakespeare von dieser Theaterform begeistert und schrieb sogar Stücke dafür.

In **Italien** entwickelte sich im 16. Jahrhundert die **„Commedia dell'arte".** Die Figur des „Pulcinella" in diesem Lustspiel diente möglicherweise später als Vorlage für den Kasper.

Ebenfalls im 16. Jahrhundert tauchte in der **Türkei** das **Karagöztheater** auf, ein Schattenspiel mit lustigen Geschichten, ähnlich denen des Kasperltheaters.

Wanderbühnen verbreiteten das Spiel mit Hand-, Stock- und Stabpuppen für das einfache Volk im **17. Jahrhundert** in ganz **Europa**. Fast zeitgleich trat das Marionettenspiel auf. Seine Blütezeit erreichte es im **19. Jahrhundert**, als Adlige und Reiche es für sich als Unterhaltung an langen Winternächten im Schloss entdeckten. Die Geschichten waren weniger derb und wurden anspruchsvoller.

Im **18. Jahrhundert** zogen vor allem in **Sachsen** Wandermarionettentheater durch die Lande. Bis ins 20. Jahrhundert waren die Truppen mit langer Familientradition mit Pferd und Wagen unterwegs. Das erste ständige Marionettentheater in Deutschland wurde **1800 in Köln** gegründet. Noch immer war es ein Stegreifspiel ohne festgelegte Texte für das erwachsene Publikum.

Die Figur des **Kaspers** erscheint in vielen Kulturen. Es soll der Spaßmacher „Vidusaka" (Freund des Essens) aus Indien gewesen sein, der ein Vorbild für viele ähnliche Figuren in Europa wurde. Der Kasper war eine freche Figur, die den Reichen und Mächtigen ihre Meinung sagen durfte und vor allem den leiblichen Genüssen nicht abgeneigt war. Nach und tauchte dieser Spaßmacher in verschiedenen Ländern mit jeweils lokalen Besonderheiten und einem eigenen Namen auf:

- England: Jack Pudding, Punch
- Frankreich: Jean Potage
- Italien: Signor Makkaroni
- Ungarn: Paprika Janczi
- Holland: Pekelhaaring
- Deutschland: Hans Wurst

Der Wiener Schauspieler **Johann Joseph La Roche** gab **1781** der Figur des „Hans Wurst" den Namen „Gasperle". In **München** gründete **1856** Graf Franz von Pocci, ein Zeremonienmeister am bayerischen Hof, zusammen mit Josef Leonhard Schmid („Papa Schmid)" das erste Münchner Marionettentheater. Graf Pocci schuf unzählige Stücke für das Kasperl- und Marionettentheater, vor allem für Kinder. Der Kasperl Larifari hat hier seine Heimat. Anfang des

Illustration: Anja Goossens

20. Jahrhunderts wurde der Kasper vor allem in politischen Zusammenhängen für Propagandazwecke missbraucht.

Die **Hohensteiner Puppenbühne** in **Sachsen** wurde **1928** von **Max Jakob** gegründet. Er schuf eine neue Ansicht der Figur des Kaspers. Dieser besitzt nun einen gesunden Menschenverstand, ist voller Hilfsbereitschaft und ein Anwalt des Guten gegen das Böse. Das Puppenspiel wurde eingesetzt, um den Zuschauern, vor allem den Kindern, positive Werthaltungen zu vermitteln. Das Bild von Max Jakobs Kasper hat viele Kinder und Erwachsene geprägt. Es entstanden „pädagogisch wertvolle" Kasperlstücke, in denen der ehemalige Spaßmacher oft sehr fragwürdig und eher moralisierend wie ein Lehrmeister auftritt.

Im 20. Jahrhundert gab es einige Puppenspieler und -bauer, die weit über die Grenzen Deutschlands bekannt wurden. Der Puppenbildner **Till de Kock** schuf rund 30 000 Handpuppen, Stabfiguren und Marionetten, die in ihrer Art stilprägend für das Ensemble eines Kasperltheaters wurden. **Fritz Herbert Bross** war ein Puppenbauer und -spieler, dessen Erkenntnisse im Marionettenbau bis heute als richtungsweisend gelten. Er entwickelte unter anderem ein Einhand-Spielkreuz, mit dem eine sehr präzise Marionettenführung möglich ist.

Im **Osten Europas** und der **DDR** genoss das Puppentheater einen hohen Stellenwert. Es gab fast überall feste Spielorte und eine Ausbildung für Puppenspieler an der Hochschule für Schauspielkunst Ernst Busch in Berlin. In **Westdeutschland** existierten vor allem mobile Theater und wenige feste Theaterhäuser. Bevor Anfang der 1980er-Jahre der Studiengang Figurentheater an der staatlichen Hochschule für Musik und Darstellende Kunst in Stuttgart gegründet wurde, bildeten sich die Puppenspieler selbst weiter. Über die regionalen Grenzen hinaus wurde **Albrecht Roser** mit „Gustav und seinem Ensemble" und dem Auftritt der „Oma aus Stuttgart" international berühmt. Unter seiner Mitwirkung entstanden TV-Klassikern wie „Das kleine Gespenst" und „Robby Tobbi und das Fliwatüüt". Die 1943 von Walter Oehmichen gegründete **Augsburger Puppenkiste** wurde vor allem durch die Fernseh-Vierteiler „Jim Knopf und Lukas, der Lokomotivführer", „Urmel aus dem Eis" oder „Kater Mikesch" in den 1960er-Jahren bekannt.

In der **zweiten Hälfte des 20. Jahrhunderts** wurde das Puppenspiel mehr und mehr zur anerkannten Theaterform für das erwachsene Publikum. Figurentheater ist mehr als Kasperl- oder Kindertheater. Unter Verwendung modernster Technik und neuer Materialien entwickeln Figurenbauer und Puppenspieler Spieltechnik und Bewegungsmöglichkeiten in faszinierender Weise weiter. In vielen Theaterhäusern entstehen Produktionen in Kombination mit Tanz und Performance, bei denen Menschen und Figuren gleichberechtigt auf der Bühne agieren. Viele Zuschauer sind begeistert von dem Puppenspiel in Musicalproduktionen. Kleine und große Festivals in aller Welt bieten den Rahmen für anregenden Austausch und Experimenten, die das traditionelle Puppentheater erweitern und neue Spielmöglichkeiten bis hin in digitale Welten entdecken lassen.

Typisch Figurentheater: mehr als Spielerei!

Puppenbau und -spiel ist eine Kombination aus handwerklicher Tätigkeit und dem Spiel mit der Fantasie, die die Figur zum Leben erweckt. Es ist kein Menschentheater „en miniature", sondern hat eigene Gesetze, Möglichkeiten, Grenzen und Ausdrucksformen. Diese gilt es auszuloten und zu nützen.

Figuren können vieles nicht, was einem Schauspieler möglich ist. Der Reiz daran ist, das **Typische am Figurentheater** zu entdecken und damit zu spielen:

- Mit Puppen lassen sich **Unbewusstes, Träume, Irreales und Verrücktes** darstellen. Das Figurentheater ist eher poetisch und damit der Musik näher als dem Wort. Die Tuchmarionetten wirken ohne Sprache und können mit Musik eine wunderbare Einheit eingehen.
- Das **Spiel der Figuren ist reduzierter und gleichzeitig genauer und direkter** im Ausdruck und der Wirkung. Die Tischfigur „Piepmatz" kann nur den Schnabel

bewegen, aber das reicht aus, um sie lebendig werden zu lassen. Die Reduktion setzt beim Zuschauer Fantasie frei. Er kann für sich das Fehlende ergänzen.

- Die Puppe **kann sich anders bewegen** als ein Mensch: eine Handpuppe kann „fliegen", die Kopfstabmarionette kann überraschend zu Boden fallen, weil sie keinen festen Körper hat, eine Figur aus Alltagsmaterialien könnte sich in ihre Einzelteile auflösen.
- Die Gestaltung der Figuren ist eine „Spielwiese" für **Übertreibungen und Verfremdungen**. Die Figuren können eine Bedeutungsgröße bekommen. Figuren werden übergroß dargestellt, wenn sie eine Machtperson darstellen. Sie können kleiner sein, wenn sie einen niederen Status haben. Die Gesichtsfarbe darf ungewöhnlich sein, wenn das den Charakter oder die Rolle unterstützt. Der König kann beispielsweise einen blauen Teint bekommen, weil er blaublütig ist. Die Kopfform unterstützt das Wesen der Figur, so könnte ein Computerspieler einen viereckigen „Bildschirmkopf" bekommen.

- Die **Trennung zwischen Spieler und Figur** erlaubt es, dass die Puppe Dinge sagen darf, die dem Spieler nicht gestattet sind. Sie darf „Ausdrücke sagen", die Kinder „schimpfen" oder „loben", Wörter verdrehen oder eine eigene Sprache benutzen. Die Puppe darf Tabuthemen ansprechen. Sie kann damit zum Nachdenken anregen und zu unkonventionellen Lösungen beitragen.

- Nicht zuletzt darf sie (ungestraft) **unsinnige, unpassende und verbotene Handlungen** ausführen.

Bedeutung für Kinder

Viele Kinder kennen Puppentheater nur aus dem Fernsehen. Manche haben schon eine Aufführung erlebt und damit erste Eindrücke vom Theater und der dramatischen Kunst gewonnen. Beim Puppenspiel ist das Kind hautnah und direkter dabei als beim distanzieren Ansehen eines Fernsehfilmes. Obwohl die Kinder dort ebenfalls ganz ins Geschehen eintauchen, bewirkt das reale Erleben des Spiels auf der Bühne eine größere Anteilnahme.

Die bewegte Puppe ist für das Kind nicht nur Material, sondern ein greifbares und lebendiges Wesen. Das wird deutlich, wenn die Kinder nach einer Vorstellung näher mit den Figuren in Kontakt kommen und ganz selbstverständlich mit ihnen sprechen. Für die Kinder ist es kein Widerspruch, dabei den Menschen zu sehen, der die Figur führt.

Es ist wunderbar zu beobachten, wie Kinder bei einer Aufführung ganz nah am Geschehen sind und bei allen Höhen und Tiefen leidenschaftlich mit dem ganzen Körper mitgehen. Meist ist die Hauptperson eine Identifikationsfigur für das Kind. Es kann sich im Handeln und Denken in ihr wiederfinden, teilt ihr Schicksal, entwickelt Gefühle und Assoziationen und genießt sogar die Narrenfreiheit der Figur. Die Puppe übernimmt stellvertretend für das Kind Handlungen und Aktionen, in denen das Kind erlebt, wie mit Schwierigkeiten umgegangen werden kann. Oft ist der Kasperl die Figur, die die Kinder als Vorbild erleben und mit der sie in Dialog treten. Er kann sich bei ihnen Rat oder Hilfe holen. Manchmal können sie das Geschehen sogar selbst beeinflussen.

Wichtig

Die Grenze zur Manipulation ist fließend. Darum sollte eine solche Figur nie moralisierend, belehrend oder mit einem pädagogischen Zeigefinger auftreten. Dieser Verantwortung sollten sich alle Beteiligten bewusst sein.

Die gleiche Nähe entsteht, wenn die Figur im Stuhlkreis oder im Gruppenalltag mit den Kindern ins Gespräch geht. Für viele Kinder sinkt die Hemmschwelle, Gefühle und Emotionen anzusprechen. Das Puppenspiel wird hier zu einer Art Rollenspiel, in dem Eindrücke verarbeitet werden und Fragen gestellt werden können.

Es gibt Kinder, die, aus welchem Grund auch immer, Angst vor den Puppen haben. **Das muss unbedingt respektiert werden.** Mitunter muss die Figur erst einmal verschwinden, um den Kindern die Entscheidung zu überlassen, wann sie wieder erscheinen darf.

Die vielfältigen Bildungsmöglichkeiten

Fantasie und Kreativität

Das Vorstellungsvermögen und die kreative Umsetzung sind gefordert. Figurenbau ist individuell und benötigt keine Schablone. Eine schöpferische Grundhaltung gegenüber Aufgabenstellungen bildet sich aus. Problemlösungsstrategien entwickeln sich, die auch im Alltag benötigt werden.

Spiel mit Material

Es findet eine Entdeckungsreise auf der Suche nach unterschiedlichem und verwendbarem Material statt. Haptisch, optisch und technisch werden dessen Wirkung, Einsetzbarkeit und Bearbeitung erforscht und erfahren.

Technisches Verständnis

Zur Herstellung sind möglicherweise bisher nicht verwendete Werkzeuge erforderlich, deren Handhabung kennengelernt und eingeübt wird. Die Wirkungsweise und der gezielte Einsatz werden erprobt. Nach einer sorgfältigen Einführung darf den Kindern der Umgang damit zugetraut werden.

Das technische Grundwissen wird beim Bau eines Bewegungsmechanismus erweitert. Dreidimensionales Denken ist beim Gestalten des Figurenkopfes aus Schaumstoff oder Modelliermasse gefragt.

Ästhetische Gestaltungskriterien

Kinder haben ein eigenes ästhetisches Empfinden, das konträr zum eigenen Anspruch und den eigenen Vorstellungen sein kann. Diese Spannung muss ausgehalten werden.

Die Kombination von Material, Bemalung und Ausgestaltung erfolgt oft unbewusst. Grundwissen über Gestaltungskriterien lässt sich daran ansprechen und umsetzen.

Körpersprache und Ausdruck

Vor der Gestaltung eines Kopfes können die einzelnen Gesichtselemente angesprochen werden. Vor dem Spiegel lässt sich gut entdecken, welche Veränderungen einen lachenden oder weinenden Ausdruck ergeben. Die Bewegungen der Figur und die passende Körperhaltung zu einer Emotion können die Kinder zuvor selbst ausprobieren. Sie entwickeln damit auch ihr Körpergefühl.

Sprachförderung

Es gilt, Worte zu finden, um den anderen die eigene Bau- und Spielidee verständlich zu erklären. Kinder können neue Begriffe beim Bauen kennenlernen, darum sollten Material und Werkzeug immer fachlich korrekt benannt werden.

Im Spiel mit den Figuren werden das freie Sprechen und das Fabulieren geschult. Die Figur befreit zum Sprechen und vom Anspruch einer korrekten Sprechweise. Für das Stück werden Texte geschrieben, Formulierungen ausprobiert und Gedanken in Worte gefasst. Eine Besonderheit ist das Spiel mit der Stimme auf der Suche nach der sprachlichen Ausdrucksweise der Figur.

Feinmotorik

Beim Herstellen einer Figur sind gezieltes Aufzeichnen, Schneiden, Kleben und Bemalen nötig. Der Umgang mit Nadel und Faden wird geübt. Mit Fingerfertigkeit und Gefühl wird aus der Modelliermasse ein Figurenkopf.

Das Führen an Fäden und die differenzierte, wiederholbare Bewegung einer Figur fordern die ganze Hand- und Armgeschicklichkeit.

Sozialkompetenz und Kommunikation

Kooperationsbereitschaft und -fähigkeit sind in allen Schritten gefordert: In der Bauphase gilt es zu akzeptieren, dass jeder ein unterschiedliches Tempo hat und Wartezeiten ausgehalten werden müssen. Hilfestellung z.B. beim Auffädeln einer Marionette muss eingefordert und gegeben werden. Gegenseitige Beratung bei einer Lösungssuche ermöglicht die Erfahrung, welche Chancen in Teamarbeit stecken.

Ein wichtiger Lernschritt ist es, angemessen und wertschätzend Rückmeldung zum Spiel der andern zu geben. Beim Erfinden von Geschichten werden Gedanken eingebracht und gemeinsam weiterentwickelt. Beim gemeinsamen Spiel muss die Balance gefunden werden zwischen dem Sich-Einlassen auf die Ideen anderer und dem Wunsch, eigene Vorschläge einzubringen. Andere Meinungen und Vorstellungen müssen akzeptiert werden. Die Figuren können nur zusammenspielen, wenn die Spieler bereit sind, aufeinander einzugehen.

Zu guter Letzt braucht es beim Erfinden einer Geschichte und deren Umsetzung hohe **Kooperationsbereitschaft und -fähigkeit.**

Stärkung des Selbstwertgefühls und Selbstvertrauens

Die Grunderfahrung, etwas nach den eigenen Vorstellungen gestalten zu können, das im wahrsten Sinne des Wortes Hände und Füße hat, fördert die ganze Persönlichkeit. Dazu gehören Geduld, Ausdauer, Arbeitshaltung, Durchhaltevermögen, Frustrationstoleranz, Empathie, Erkennen und Entwickeln der eigenen Ausdrucksmöglichkeiten. Am Ende steht der Stolz über ein gelungenes Werk, mit dem nicht nur das Publikum begeistert werden kann.

Die Puppen tanzen lassen: Anregungen für den pädagogischen Alltag

Es gibt wohl kaum ein Kind, das Kasperl und seine Mitspieler Gretel, Seppl, Oma, Räuber und Polizist nicht kennt. Dabei müssen in der Kita nicht die klassischen Handpuppen vorhanden sein. Es gibt eine ganze Reihe von anderen Figuren, die in ihrer Einzigartigkeit und Vielfalt genauso gut für das freie Spiel geeignet sind. Wichtig ist, dass sie nicht weggesperrt werden, sondern immer zugänglich sind.

Eine gekaufte Figur kann noch individuell gestaltet werden und wird damit einzigartig. Viel interessanter ist es, mit den Kindern eine eigene Figur für die Gruppe oder die Einrichtung zu gestalten. Die Kinder gestalten den Entwurf, den die Erwachsenen umsetzen, damit das Ergebnis stabiler und haltbarer wird.

Ein Figurentheaterprojekt von der Idee, über den Bau und das Spiel bis hin zu einer größeren Aufführung ist ein längeres Projekt. Die Talente und Fähigkeiten aller Beteiligten können dabei eingebracht werden. Bei aller Begeisterung darf sich dieser Prozess jedoch nicht über viele Wochen hinziehen. Die Spannung bleibt leichter erhalten, wenn er innerhalb einer Projektwoche umgesetzt wird.

Der große Auftritt der Figuren im offenen Spiel

Im pädagogischen Alltag findet das offene Spiel mit den Puppen vor allem im Stuhlkreis statt. Hierfür eignen sich Hand- und Klappmaulpuppen.

Sie haben ihren großen Auftritt und können ...

... als Seelentröster dienen.

... als Gruppenmaskottchen überall dabei sein.

... mit einem Ritual den Morgenkreis einleiten.

... die Geburtstagsfeier mitgestalten.

... gut zuhören.

... loben, wenn etwas gut gelungen ist.

... Regeln einführen und erklären.

... ein Thema einführen.

... eine Gegenposition einnehmen.

... unsinnige Fragen stellen.

... einen Spielanfang erklären.

... ehrlich sagen, was ihnen in der Gruppe gefällt oder was sie stört.

... ein Lied oder ein Spiel einführen.

... Geschichten erzählen.

... mit den Kindern oder mit dem Spieler eine Geschichte erfinden mit der Frage: „Und was ist dann passiert?"

... an das Aufräumen oder den Übergang zu einer neuen Aktion erinnern.

... durch eine Veranstaltung führen.

... bei einem Elternabend die Begrüßung übernehmen.

... durch den Alltag leiten.

... so vieles mehr!

Nur Mut, selber ganz frei eine Puppe zu spielen! Mit der Zeit entstehen eine gute Beziehung, Vertrautheit und Sicherheit im Spiel. Die Figur wird zum (Spiel)-Partner.

Anregungen für das Spiel

- Eine **gleichbleibende Stimmlage** finden. Sie darf nicht zu extrem sein, damit sie durchgehalten werden kann.
- Beim offenen Spiel im Stuhlkreis ist **der Spieler die Bühne**. Darauf achten, dass die eigene Kleidung nicht zu bunt und großgemustert ist. Das lenkt ab und mindert die Wirkung der Figur.
- Den **Fokus auf die Figur** bringen: Die Figur ansehen, wenn sie spricht. Wenn ich als Spieler spreche, ins Publikum blicken und dabei die Figur ruhig halten. Die Zuschauer folgen dem Blick des Spielers.
- **Die Figur nah am eigenen Körper halten**, das ist weniger anstrengend.
- Bevor die Figur einen **festen Platz im Alltag bekommt**, wird sie „eingeführt". Ihre Rolle soll den Kindern klar sein.
- **Zeit lassen** beim ersten Auftritt. Die Kinder sollen die Figur erst einmal wahrnehmen und eine Beziehung zu ihr aufbauen. Die Figur kann aus einem Korb, einer Tasche oder aus einer Kiste herauskommen und sich mit einem „Hallo" bemerkbar machen. Zeit lassen, dass die Kinder sie begrüßen und ansehen können. Dann kommt sie ins Sprechen. Die Figur nicht zu hektisch auftreten lassen. Es ängstigt manche Kinder, wenn die Figur zu weit oder überraschend nach vorne geht. Kinder reagieren beispielsweise stark darauf, wenn die Figur sie anspricht. Zum Schluss verschwindet die Puppe wieder in ihrem „Zuhause" und hat im Gruppenraum einen festen Platz.
- Gut überlegen, ob die Figur den **Kindern in die Hand** gegeben wird. Sie könnte damit ihre Faszination verlieren. Es gibt Kinder, die Angst davor haben, eventuell die Figur schlagen oder weinen. Akzeptieren und Zeit lassen. Auf die Reaktionen der Kinder eingehen, Ängste, Vorbehalte und Freude ernst nehmen.
- Wenn es schwerfällt, eine eigene Stimme für die Puppe zu verwenden, kann die Figur schweigen, und der Spieler übernimmt die Rolle des **„Übersetzers".** Die Puppe „flüstert" dem Spieler etwas ins Ohr, und dieser wiederholt, was sie ge-

sagt hat. Die Figur spricht nicht selbst, sondern erzählt es mir, und ich sage es weiter.

- Das **Erzählen einer ganzen Geschichte** mit der Figur ermüdet die Zuhörer mit der Zeit, und die Spannung lässt nach. Die Figur kann den Anfang der Geschichte übernehmen und übergibt dann an den Spieler. Von Zeit zu Zeit kann sie weiterführende Zwischenfragen stellen.
- Bei einer **Liedeinführung** den Auftritt der Figur zeitlich begrenzen. Sie kann damit beginnen, dass die Kinder nun ein Lied kennenlernen, oder die erste Strophe vorsingen. Das weitere Vorgehen sollte sie jedoch an die pädagogische Fachkraft abgeben.

Einmal in seinen Bann gezogen, lässt er einen nur schwer wieder los: Figurenbau mit Kindern

Kinder lassen sich schnell begeistern, und die meisten möchten ihre eigenen Vorstellungen möglichst eigenständig ausprobieren und umsetzen. Den **Kindern darf viel mehr zugetraut werden**, als gemeinhin angenommen wird. Mit genauer Anleitung und unter Aufsicht können sie mit einem Akkubohrer und einem Schraubstock selbstständig bohren. Zurückhaltende, sogar ängstliche Kinder immer wieder ermuntern, ihnen nicht etwas abnehmen, sondern mit ihnen gemeinsam den Schritt ausführen. Der Stolz, etwas selbst gemeistert zu haben, ist umso größer und fördert das Selbstbewusstsein.

Es ist leichter, die Kinder zu unterstützen, wenn **die Figur zuvor selbst gebaut** wurde. Tipps und Hilfestellung lassen sich gezielter geben. Die einzelnen Schritte können noch einmal an die Fähigkeiten der Gruppe angepasst werden. Die Kinder benötigen für die Ausführung länger als ein Erwachsener, darum sollte dafür **ausreichend Zeit** eingeplant werden.

Zur **Vorbereitung** gehört auch die Überlegung, was die Kinder alles selbst übernehmen können und welche Teile vorbereitet werden sollten. Manchmal ist das sinnvoll und nötig, um zügig und erfolgreich zum Ergebnis zu kommen.

Die **Trockenphasen** sollten eingehalten werden, damit die Figur am Ende haltbar wird. Im Vorfeld überlegen, wie diese Wartezeit überbrückt werden könnte – beispielsweise durch die Vorbereitung der nächsten Arbeitsschritte, ein Gespräch über das Puppentheater, das Sammeln von Ideen für ein Theaterstück oder ganz einfach durch eine Pause.

Kinder lieben einen **Schatz an Material**. Wenn sie das Gefühl haben, dass ausreichend vorhanden ist, müssen sie nicht „hamstern". Im Gegenteil, die Fülle kann eine Inspirationsquelle für die Gestaltung sein. Schälchen, in denen die Kinder zu Beginn mögliches Material zusammensuchen, können hilfreich sein. Die Erfahrung zeigt, dass die Kinder anfangs noch nicht so recht wissen, was sie benötigen. Besser ist es, das Material auf einem Nebentisch auszubreiten. Dort kann zur passenden Zeit immer wieder nach Anregungen gestöbert werden. Das Grundmaterial für den Bau dagegen kann vorbereitet an jedem Arbeitsplatz liegen.

Die Wahl des Materials unterstützt den Charakter der Figur:

- Ein erdverbundener Typ: schwerfällig, auf beiden Beinen stehend, Holz, braun, grün
- Ein feuriger Kerl: spritzig, feurig, lustig, Fetzen, rot, gelb
- Wasserwesen: aufgelöst, schwankend, schwimmen dahin, lassen sich leicht beeinflussen, Folie, Tüll, blau, türkis
- Luftige Figuren: abgehoben, schweben, leichte Tücher, Federn, hellblau, weiß

Vor dem Bauen einen **Entwurf** zu zeichnen fördert die Vorstellungskraft und ist daher ein guter Einstieg. Die Kinder bekommen eine Skizze mit der Kopfform, in die sie ihr gewünschtes Gesicht malen können – allerdings ohne Garantie, dass das so umgesetzt wird, weil sich Ideen im Gestaltungsprozess ändern dürfen. In der anschließenden Vorstellungsrunde können gemeinsam Lösungen für technische oder gestalterische Fragen gesucht werden.

Ein kurzes **Anspiel** zu Beginn mit einer fertigen Figur des geplanten Typs motiviert die Kinder zusätzlich. Sie darf anschließend erst mal wieder verschwinden, damit die Kinder nicht nur diese Gestaltung nachahmen. Am Ende taucht die Figur

wieder auf und begrüßt die neu geschaffenen Gesellen. Schon ergibt sich ganz von selbst ein improvisiertes Spiel.

Während der **Gestaltungsphase** kann es passieren, dass die Figur sozusagen „eigene Wege" geht. Sie entwickelt sich anders als geplant. Der modellierte Kopf für die Prinzessin wird am Ende zum König. Das ist reizvoll, dennoch müssen manche Kinder getröstet und ermuntert werden, um zu akzeptieren, dass das Ergebnis anders aussehen darf, als sie es sich ursprünglich vorgestellt haben.

Kinder **regen sich gegenseitig an**. Plötzlich möchten mehrere die gleichen Haare oder denselben Stoff für das Kleid. Sie kopieren Ideen der anderen, und doch wird jedes Ergebnis einzigartig. Bei einigen Arbeitsschritten benötigen die Kinder Hilfe. Diese können sie sich auch gegenseitig geben. Manche, vor allem ältere Kinder haben besonders an der technischen Seite, dem Bauen von komplizierten Bewegungsmechanismen Interesse. Das wird mit zusätzlichen Herausforderungen und Änderungen im Plan unterstützt. Vor allem für die freie Gestaltung mit Alltagsmaterial gilt: Nicht zu komplizierte Figuren bauen! Sinnvoller sind einfache, klare und umsetzbare Funktionen. Schließlich ist es nicht möglich, dass ein Gesicht gleichzeitig einen lachenden und weinenden Ausdruck haben kann. Das kann erst im Spiel ausgedrückt werden.

Kinder haben ein ganz **eigenes ästhetisches Empfinden**. Da wird ein Kopf rot angemalt oder über und über mit Farbe überzogen, der Mund ist schief, die Augen stehen schräg. Das kann konträr zu den eigenen Vorstellungen oder ästhetischen Kriterien sein. Doch das gilt es auszuhalten und in jeder Figur etwas Schönes zu entdecken.

TIPP! **Das gesamte pädagogische Handwerkszeug darf bei diesem Thema ins Spiel gebracht werden: Motivieren, Anleiten, Fördern, Ermutigen, Begleiten, Ermuntern. Fachwissen ist gefragt, aber vor allem die Bereitschaft, sich von den Ideen der Kinder begeistern zu lassen.**

Handpuppen
→ Knotenpuppe
→ Waschlappeneumel
→ Handschuhtheater
→ Wellpappekopf
→ Köpfe aus Schaumstoff
→ Modellierte Puppenköpfe

Die Handpuppe ist die bekannteste und vielseitigste Spielfigur des Puppenspiels. Geschick und Einfühlungsvermögen verwandeln sie in ein lebendiges Wesen mit einem unverwechselbaren Charakter. Handpuppen bestehen meist aus einem Kopf, in den der Zeigefinger gesteckt wird, und einem Kleid mit kurzem Armansatz, unter dem die Hand verschwindet. Die Arme werden mit Daumen und kleinem Finger gespielt. Diese Puppen eignen sich sowohl für das Spiel an einer Spielleiste als auch für das freie Spiel. Ihre große Bandbreite in der Bewegungsschnelligkeit und den Ausdrucksmöglichkeiten ist enorm. Die Kinder kommen rasch in ein aktives Spiel mit ihr.

TIPP!

Beim Spielen darauf achten, dass die Figur nicht an der Spielleiste „klebt" und sich dort „festhält", sondern immer etwas Abstand dazu hat. Die Figur hat damit mehr Bewegungsfreiheit. Ebenso darauf achten, dass die ganze Figur zu sehen ist und nicht nur der Kopf oder der Oberkörper.

Ein einfacher Knoten reicht:

Tücher- oder Knotenpuppe

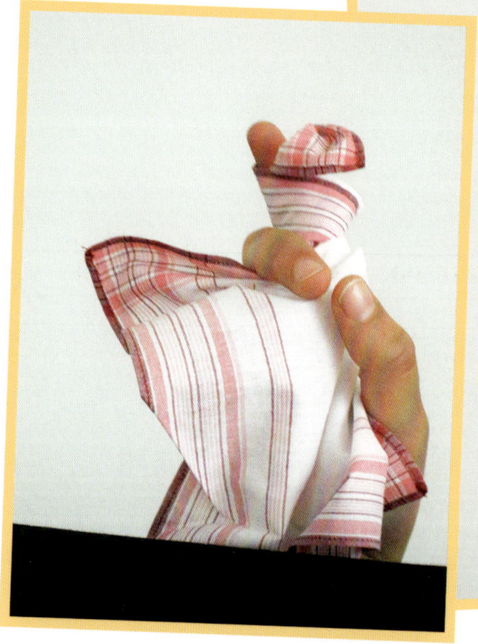

Diese einfache Handpuppe kann vor den Augen des Publikums entstehen. Vorher sollte das ein paar Mal geübt werden, um den Knoten richtig zu platzieren! Die Knotenpuppe eignet sich vor allem für das Erzählen einer kurzen Geschichte. Die Vorstellungskraft des Zuschauers und des Spielers erwecken die Figur zum Leben und geben ihr ein Gesicht. Auf einer Spielleiste können mehrere Exemplare davon ein Tücherballett zu tänzerischer Musik aufführen.

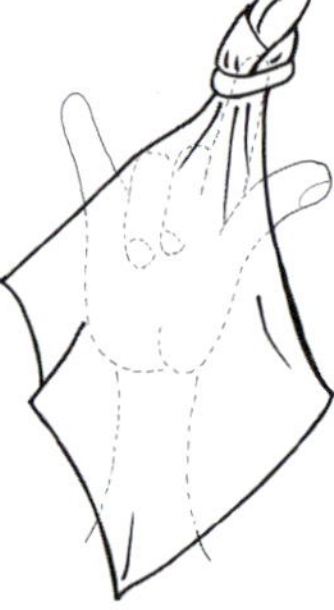

Alter: ab 7 Jahre

Zeitaufwand: ca. 10 Minuten

Material

- Quadratisches Tuch mit einer Seitenlänge von ca. 40–50 cm

Anleitung

1. Einen Knoten in einen Zipfel des Tuches knüpfen und über den Zeigefinger der Spielhand ziehen.
2. Daumen und Mittelfinger werden zu den Händen der Figur.
3. Schon kann es losgehen!

Der Waschlappeneumel

Mit Fantasie und Kreativität verwandelt sich ein Waschlappen in eine Handpuppe.

 Alter: ab 4 Jahre  Zeitaufwand: ca. 45 Minuten (ohne Trockenzeit)

Material

Für die Figur:

- Ungebrauchter Waschlappen, in dem eine Hand gut Platz hat
- Plastikfolie in Waschlappengröße

Zur Ausgestaltung:

- Knöpfe aller Art
- Perlen in verschiedenen Größen
- Wattekugeln
- Fellreste, Webpelz oder Ähnliches für die Haare
- Schleifen und Bänder, Filz- und Stoffreste, Glitzer, Spitze, Borten
- Handarbeitsgarn in verschiedenen Farben und Stärken

Arbeitsmaterial:

- Faden, Nadel, Schere
- Stoffkleber, Klebestift

1. Die Plastikfolie in den Waschlappen schieben. Sie verhindert, dass Klebstoff auf die Gegenseite gelangt und die Öffnung verklebt.
2. Aus dem möglichst vielfältigen Fundus Material für das Gesicht zusammensuchen und zunächst auf den Waschlappen auflegen. Wenn die Anordnung zufriedenstellend ist, die Elemente nach und nach aufnähen oder aufkleben.
3. Nach dem Trocknen kann das lustige Spiel losgehen.

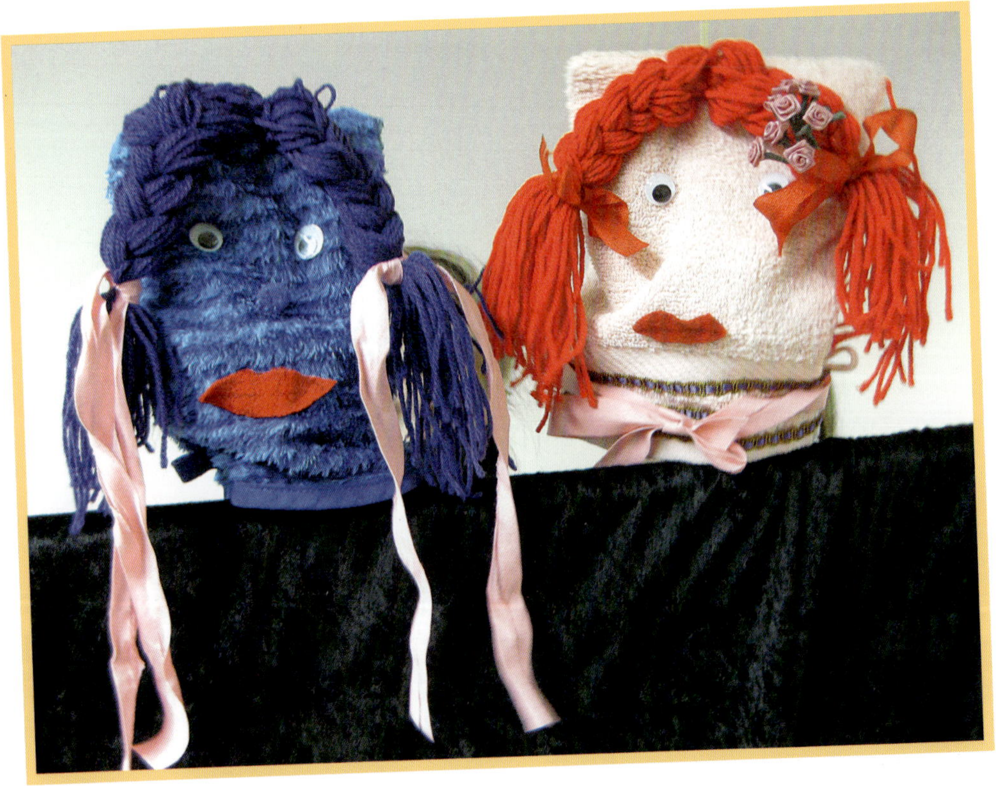

Die frechen Kerle vom Handschuhtheater

Die munteren Handschuhkerle sind nicht nur frech. Sie können genauso gut fröhlich, lustig, traurig, pfiffig, verträumt, hübsch, schlau, neugierig, prinzessinnenhaft, mutig und vieles mehr sein. Ein einfacher weißer Handschuh verwandelt sich im Nu in eine lustige Spielfigur.

Alter: ab 6 Jahre

Zeitaufwand: ca. 45 Minuten (ohne Trockenzeit)

Material

Für die Figur:

- Einfarbiger, zur Spielerhand passender Fingerhandschuh (Ein Baumwollhandschuh eignet sich besser als ein dicker Wollhandschuh.)
- Styropor- oder Wattekugel (rund oder eiförmig), Ø 4–6 cm, für den Kopf
- Holzstab, Ø 5 mm, ca. 40 cm lang

Zur Ausgestaltung:

- Knöpfe aller Art
- Perlen in verschiedenen Größen
- Wattekugeln
- Schleifen und Bänder, Glitzer, Spitze, Borten
- Filz- und Stoffreste
- Fellreste, Webpelz, Handarbeitsgarn oder Ähnliches für die Haare
- Fotokarton, Pappe, Draht in unterschiedlichen Stärken

Arbeitsmaterial:

- Faden, Nadel, Schere
- Textilkleber, Klebestift, Holzleim
- Stoffmalstifte oder Stoffmalfarben und Pinsel
- Cutter
- Flasche zum Abstellen der Figur beim Trocknen

Varianten

Den Kopf aus Schaumstoff schnitzen.

Den weißen Baumwollhandschuh vor dem Anbringen des Kopfes mit Stofffarbe einfärben.

Anleitung

1. Ein Erwachsener schneidet mit dem Cutter eine Vertiefung in der Größe des Zeigefingers in die Styroporkugel.
1. Die Kugel mit Holzleim auf den Zeigefinger des Handschuhs kleben.
2. Den Holzstab von innen in den Zeigefinger stecken und zum Trocken in eine Flasche stellen.
3. Nach der Trockenzeit geht es an das individuelle Ausgestalten: Wie beim Waschlappeneumel die gewählten Materialien erst probehalber auf dem Styroporkopf und dem Handschuh platzieren und annähen oder aufkleben, sobald der Künstlerin oder dem Künstler das Ergebnis gefällt.

Vornehme Herrschaften mit Wellpappekopf

Wellpappe ist eigentlich ein wertloses Material. Graue Wellpappe dient oft als Material zum Auspolstern von Paketen. Daraus können pfiffige, freche, liebreizende, böse, mutige, fröhlich bunte Handpuppen entstehen. Daumen und kleiner Finger schauen dabei als Hände aus dem Krepppapierkleid der Figur.

Eine inspirierende Herausforderung ist es, wenn zur Ausgestaltung nur verschiedene Papiersorten verwendet werden dürfen.

 Alter: ab 7 Jahre  Zeitaufwand: ca. 60 Minuten (ohne Trockenzeit)

Material

Für die Figur:

- Pappkern einer Toilettenpapierrolle
- Graue Abfallwellpappe
- Farbige Wellpappe
- Krepppapier in vielen Farben
- Gummiband

Zur Ausgestaltung:

- Viele verschiedene Papiersorten (z.B. Tonpapier, Fotokarton, Glanzpapier)

Arbeitsmaterial:

- Schere
- Lineal
- Klebestifte (besser als flüssiger Kleber, weil dieser das Krepppapier abfärben lässt)
- Gummiband
- Kreppband
- Stift zum Anzeichnen

1. **Kopf:**
   Die Toilettenpapierrolle halbieren, der Länge nach aufschneiden, zu einer Rolle zusammendrehen und mit Klebestift zusammenkleben. Der Hohlraum im Inneren der Rolle sollte gut auf den Zeigefinger der Spielhand passen. Mit dem Gummiband wird die Rolle beim Trocknen fixiert.

2. Auf der Rückseite der Wellpappe einen Streifen von ca. 60 cm x 6 cm aufzeichnen. Die Wellen des Pappstreifens verlaufen parallel zu den Schmalseiten. Für dickere oder dünnere Köpfe muss der Streifen entsprechend länger oder kürzer werden. Den Wellpappestreifen zuschneiden.

3. Das Gummiband von der zuvor angefertigten Pappröhre abnehmen. Den Wellpappestreifen so um die Röhre wickeln, dass die Wellen nach außen zeigen. Darauf achten, dass unterhalb 1,5–2 cm der inneren Pappröhre als Hals herausstehen.

   Hinweis: Die Wellpappe hält besser, wenn die gesamte Fläche mit Klebestift eingestrichen wird. Den Kopf zum Trocknen mit Gummiband fixieren.

4. **Kleid:**
   Aus Krepppapier ein ca. 30 cm x 30 cm großes Quadrat zuschneiden. Die Kantenlänge sollte mindestens der Armlänge des Kindes von den Fingerspitzen bis zum Ellbogen entsprechen.

5. Eine Kante des Krepppapierquadrats um den Hals des Pappkopfes raffen und mit Klebestift und Kreppband fixieren. Das Kreppband „verschwindet" später unter einem Halstuch, Schal oder Umhang. Um eine Hose anzudeuten, kann das Gewand von unten bis zur imaginären Taille längs aufgeschnitten werden.

6. **Handlöcher:**
   Den Kopf mit dem Gewand auf den Zeigefinger setzen. Auf dem Krepppapierkleid die Position von Daumen und kleinem Finger markieren und an diesen Stellen je ein kleines Loch schneiden. Durch diese Löcher werden die Finger gesteckt, sodass die Figur leicht und ohne Spannung bewegt werden kann.
7. Zuletzt kann die Figur ganz nach Lust und Laune mit einem Gesicht, Haaren, einer Krone und anderen Elementen ausgestaltet werden.

Der Spülschwamm mit Gesicht:

Handpuppenköpfe aus Schaumstoff

Die Köpfe werden aus Schaumstoff „geschnitzt". Alle wichtigen Attribute entstehen in Einzelteilen und werden an den Grundkopf angeklebt. Beim Verwandeln eines Schaumstoffwürfels in die entsprechende Kopfform wird das dreidimensionale Sehvermögen geschult. Erste Schnitzübungen sind bei dieser Technik möglich.

Je nach Alter und Fähigkeiten der Kinder werden einzelne Teile vorbereitet:

- Für den Kopf einen unbeschichteten Schaumstoffball verwenden.
- Den Schaumstoffwürfel mit einem elektrischen Messer vorschneiden.
- Das Puppenkleid selbst zuschneiden und mit der Nähmaschine zusammennähen.

 Alter: ab 10 Jahre  Zeitaufwand: ca. 90–120 Minuten (ohne Trockenzeit)

Material

Für die Figur:

- Feinporiger Schaumstoffwürfel oder -quader mit ca. 8–10 cm Kantenlänge
- Schaumstoffreste für Nase, Mund, Ohren, etc.
- Tieraugen oder schwarze Halbperlen
- Stoff für das Kleid ca. 90 cm x 40 cm

Zur Ausgestaltung:

- Strickgarn, Fell, Stoffreste, Bänder

Arbeitsmaterial:

- Cutter und Scheren in mehreren Größen zum „Schnitzen" des Schaumstoffs
- Elektrisches Messer
- Stift und Papier
- Kraftkleber
- Stecknadeln mit großen Köpfen
- Folie oder Wannen zum Auffangen der Schaumstoffreste
- Stoffmalfarbe/ Pinsel
- Nähzeug, Nähmaschine

Tipps zum Arbeiten mit Schaumstoff

- Wenn kein ausreichend großer Schaumstoffwürfel oder -quader zur Hand ist, einfach an drei gleichfarbigen Spülschwämmen die raue Seite entfernen und die Schwämme mit Kraftkleber gemäß Herstellerhinweis zusammenkleben.
- Zum Kleben des Schaumstoffs keinen Alleskleber verwenden, denn er zerstört das Material mit der Zeit.
- Cutter und Scheren werden beim Schneiden von Schaumstoff schnell stumpf. Für Nachschub sorgen und das Schneidewerkzeug öfter wechseln!
- Darauf achten, dass der Cutter immer vom Körper weg geführt wird.
- Die Schaumstoffschnipsel und -reste laden sich elektrostatisch auf: Es empfiehlt sich, keinen Wollpullover zu tragen, der die Stückchen anziehen könnte.

1. **Kopf und Gesicht:**
   Die Grundform des Kopfes (z.B. Kugel, Birnenform, Ei) auf Papier aufzeichnen und ausschneiden.

2. Die Grundform auf alle Seiten des Schaumstoffwürfels oder Quaders übertragen. Bei einer Kreisform sind alle Seiten gleich. Bei einer ovalen Form haben die zwei gegenüberliegenden Seiten eine Kreisform. Den „höchsten Punkt" markieren.

3. Den Schaumstoffwürfel mit dem Cutter oder der Schere in die gewünschte Kopfform schneiden. Erst die eckigen Kanten entfernen, dann den Schaumstoff von allen Seiten immer wieder zur Mitte (also zum höchsten Punkt) hin abrunden. Die Oberfläche möglichst glatt und ohne Schnittkanten bearbeiten. Das erfordert einige Geduld!

4. **Nase, Ohren und Mund** separat aus Schaumstoffresten schnitzen. Vor dem Ankleben diese Elemente mit Stecknadeln an der gewünschten Stelle am Kopf befestigen. Der Schaumstoff wird mit Stoffmalfarbe eingefärbt: Dazu etwas Farbe auf den Schaumstoff geben und gleichmäßig einmassieren. Teile, die eine andere Farbe als die Grundfarbe bekommen sollen, werden separat eingefärbt.

5. Alle Einzelteile mit Kraftkleber an der Grundform des Kopfes ankleben. Gut lüften!

6. Während der Kopf trocknet, wird das Kleid vorbereitet.

7. **Kleid:**
Die in der Grafik angegebenen Maße sind als Anhaltspunkt gedacht. Das Kleid wird an die Hand des Spielers angepasst: Die Hand in Spielhaltung (Zeigefinger nach oben, kleiner Finger und Daumen abgespreizt) auf ein Blatt Papier legen und umranden. Die Form gemäß Grafik zum Kleid ergänzen, ausschneiden, der Länge nach zusammenlegen und symmetrisch schneiden. Das Kleid muss in der Taille so breit sein, dass Hand und Finger daran vorbei in den oberen Teil geführt werden können: Lieber etwas zu groß zuschneiden.

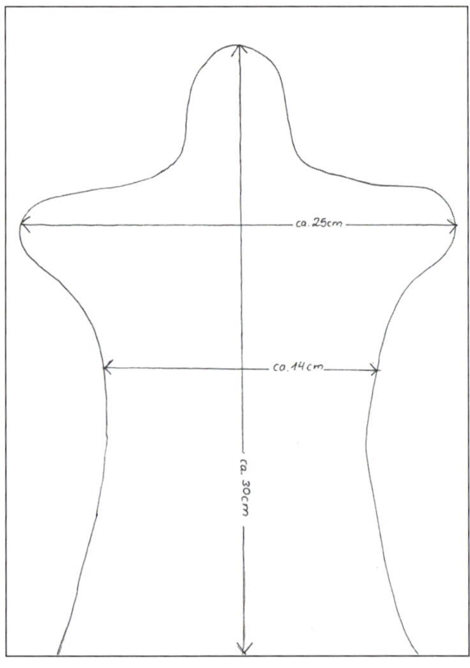

8. Den Stoff rechts auf rechts zusammenlegen, den Papierschnitt darauf platzieren und das Kleid mit 1,5 cm Nahtzugabe an allen Seiten zuschneiden, sodass zwei Stoffteile entstehen.
9. Die Stoffteile rechts auf rechts mit 1,5 cm Nahtzugabe rund um die Kontur zusammennähen und durch die Handöffnung an der Unterseite auf rechts wenden.
10. **Zusammensetzen der Figur:**
    In den unteren Teil des Hinterkopfes mit dem Cutter ein kleines, kegelförmiges Fingerloch schneiden und das Kleid leicht schräg von hinten mit Kraftkleber in dieses Loch einkleben.
11. Die Figur nach Lust und Laune ausgestalten. Rote Backen und Schattierungen mit Stofffarbe auftragen. Anregungen zur Gestaltung der Frisur ab Seite 123.

Mit Charakter:

Modellierte Puppenköpfe

Modellierte Puppenköpfe benötigen mehr Zeit und Geduld in der Herstellung, aber es lohnt sich, angesichts der fantastischen Vielfalt der Ergebnisse. Die Bemalung unterstützt die Fernwirkung der Figur, Licht und Schatten machen sie lebendig. Besondere Typen (Hexen, Zauberer) können durchaus eine eher grünliche oder blaue Grundfarbe erhalten.

Im Figurentheater werden die Charaktere oft anhand von „typischen" Merkmalen überzeichnet:

- ovale Kopfform für Prinzessinnen, freundliche Personen und Kinder
- ausgeprägtes spitzes Kinn für Zauberer oder Hexe
- rundlicher Kopf für einen König
- kantige Gesichtsform für einen Räuber

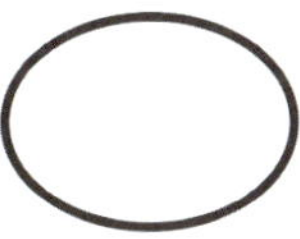

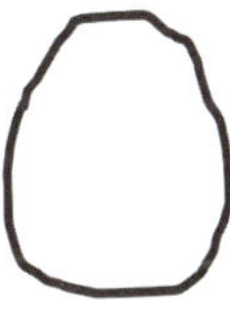

Zur Vorbereitung mit den Kindern die wesentlichen Elemente des Gesichts besprechen. Mit einem Spiel vor dem Spiegel wird daraus eine lustige Einstimmung. Um eine Vorstellung für den Puppenkopf zu bekommen, hilft es, ihn zunächst aus Ton zu modellieren. Es kann spannend sein, dieses Tonmodell am Schluss mit dem Endergebnis zu vergleichen.

Alter: ab 8 Jahre

Zeitaufwand: ca. 120 Minuten (ohne Trockenzeit)

Material

Für die Figur:

- Styroporkugel, Ø 7–8 cm
- Holzmodelliermasse (Pulver zum Anrühren mit Wasser)
- Papprröhre, in die der Zeigefinger der Spielhand passt, 7 cm lang
- Einfarbiger/ schwarzer Baumwollstoff für das Unterkleid
- Stoffe für das Oberkleid oder ein fertiges Puppenkleid
- Eventuell Polsternägel oder schwarze Halbrundperlen für die Augen

Arbeitsmaterial:

- Modellierstäbchen
- Schüssel mit Wasser
- Schleifpapier (je ein Blatt mit der Körnung 80, 120, 220)
- Stricknadel, Schere
- Kastanienbohrer
- Holzleim
- Eventuell Einmalhandschuhe
- Wasserfarben, Pinsel

Vorbereitung:

- Anrühren der Holzmodelliermasse nach Gebrauchsanweisung. Sie soll geschmeidig sein: nicht zu flüssig und gut verstreichbar. Die fertige Modelliermasse kann zwei Tage in luftdicht verschließbaren Gefäßen aufbewahrt werden.

1. **Grundform des Kopfes:**
   In die Styroporkugel bis etwa zur Mitte ein Loch im Durchmesser der Pappröhre mit einer Stricknadel oder einem Kastanienbohrer bohren. Eine Pappröhre kann aus einem aufgeschnittenen und entsprechend zusammengerollten und geklebten Toilettenpapierkern hergestellt werden. Die Pappröhre mit Holzleim in die Kugel einkleben.
2. Die Styroporkugel mit Schleifpapier (Körnung 120) kurz anschmirgeln, bis sie nicht mehr glänzt. Mit Holzleim einstreichen.
3. Eine 0,5–1 cm dicke Schicht Modelliermasse gleichmäßig auftragen und gut andrücken. Die Grundform des Kopfes – z.B. oval, rund oder birnenförmig – durch Auftragen weiterer Modelliermasse bilden.
4. **Gesicht:**
   Auf der Seite, an der das Gesicht entstehen soll, unten ein Kinn und oben eine Stirnfläche mit Modelliermasse ansetzen.
5. Mit beiden Daumen gleichzeitig unterhalb der Stirnfläche Augenhöhlen eindrücken. Der Abstand zwischen den Augen entspricht im Allgemeinen einer Augenbreite.
6. Die Nase separat modellieren und auf der Gesichtsfläche anbringen. Sie besteht aus dem Nasenrückenknochen und hat rechts und links zwei kleine Kugelformen für die Nasenflügel.
7. Für die Oberlippe ein ca. 3 cm langes Würstchen Modelliermasse direkt unterhalb der Nase ansetzen und zur Nase hin verstreichen.
8. Für die Unterlippe ein kleineres zugespitztes Würstchen unter die Oberlippe aufsetzen und die beiden Enden unter die Oberlippe schieben.

9. Rechts und links von der Nase unterhalb der Augenhöhlen Wangen – eine dreieckige Form – ansetzen und verstreichen.
10. Für die Augen zwei möglichst gleich große Kügelchen formen und in die Augenhöhlen drücken. Vielleicht darüber noch ein Augenlid modellieren. Alternativ können nach dem Trocknen des Kopfes für die Augen Polsternägel oder schwarze Halbperlen eingeklebt werden.
11. Unterhalb des Kopfes auf der Pappröhre für den Hals Modelliermasse auftragen und mit einem leicht wulstigen Absatz (ca. 0,5 cm) abschließen. Daran wird später das Unterkleid befestigt.
12. Zum Schluss die Oberfläche glattstreichen und den Kopf zwei bis drei Tage ganz durchtrocknen lassen. Erst dann mit Schleifpapier die Oberfläche gleichmäßig schleifen und Unebenheiten entfernen.

    Hinweis: Beim Modellieren des Kopfes die Oberfläche immer wieder glattstreichen und die Masse gut andrücken, um Risse zu vermeiden.
13. **Bemalung:**
    Das Gesicht wird mit Wasserfarben angemalt. Selbst gemischte Farben wirken natürlicher und lebendiger als eine fertige Mischung. Die Wirkung der Farbe lässt sich am Hinterkopf ausprobieren, weil dieser bestimmt später unter den Haaren verschwindet. Erst nach dem Trocknen beurteilen, ob die Farbe den Vorstellungen entspricht.
14. Den Kopf zunächst in der Grundfarbe anmalen und trocknen lassen.
15. Für die Fernwirkung wird die Figur „geschminkt“: Hervorstehende Stellen in einem helleren Ton der Grundfarbe bemalen und Partien, die weiter hinten liegen, dunkel schattieren. Hierzu mit dem Pinsel vorsichtig etwas schwarze Farbe auftragen. Überflüssige Farbe sofort mit einem Papiertaschentuch wegtupfen. Mehrmals wiederholen, bis das gewünschte Ergebnis erreicht ist.
16. Zur Bewertung den Kopf von sich weg halten und aus der Ferne betrachten.

17. Die Farbe für die Lippen dünn auftragen: Orangerot für ein Kindergesicht, bläuliches Rot für ein altes Gesicht.

Rezept für verschiedene Hautfarbentöne

Die Basis bildet ein Streifen von ca. 5 cm Deckweißpaste, der in etwas Wasser nicht zu flüssig aufgelöst wird. Die eigentliche Hauttonmischung wird dann hinzugefügt. Es erfordert etwas Geduld und Experimentieren, bis das gewünschte Ergebnis erreicht wird.

Heller Hautton
Die Grundfarben Gelb, Rot und Blau zu gleichen Anteilen mischen. Vorsichtig mit einer Kombination aus Weiß und Gelb aufhellen. Eventuell etwas Rot hinzufügen.

Mittlerer Hautton
Die Grundfarben Gelb und Rot zu gleichen Anteilen mischen. In kleinen Mengen Blau oder Schwarz hinzufügen. Alternativ eine anteilsgleiche Mischung aus Umbra (dunkles Braun) und Siena natur (helles Braun) mischen und in das Orange geben.

Dunkler Hautton
Umbra und Siena natur zu gleichen Anteilen mischen, ebenso Gelb und Rot. Die Mischung aus Rot und Gelb in die braune Mischung geben. Für den dunklen Ton dunkles Lila vorsichtig hinzugeben. Er kann mit Orange wieder aufgehellt werden. Schwarz beim Mischen nur sparsam verwenden. Das Ergebnis kann schnell zu dunkel werden. Es ist leichter, eine helle Mischung abzudunkeln, als umgekehrt. Nur jeweils kleine Mengen beim Mischen hinzufügen.

18. **Kleid:**

Die Figur bekommt ein Unterkleid aus einem einfarbigen, meist schwarzen Stoff. Darauf lässt sich das eigentliche Gewand leichter anbringen. Die in der Grafik angegebenen Maße sind nur als Anhaltspunkt gedacht. Das Kleid wird an die Hand des Spielers angepasst: Die Hand in Spielhaltung (Zeigefinger nach oben, kleiner Finger und Daumen abgespreizt) auf ein Blatt Papier legen und umranden. Die Form gemäß Grafik zum Kleid ergänzen, ausschneiden, der Länge nach zusammenlegen und symmetrisch schneiden. Das Kleid muss in der Taille so breit sein, dass Hand und Finger daran vorbei in den oberen Teil geführt werden können: Lieber etwas zu groß zuschneiden. Der Hals sollte so breit sein, dass er nach dem Zusammennähen über den Wulst am Ende der Pappröhre gezogen werden kann.

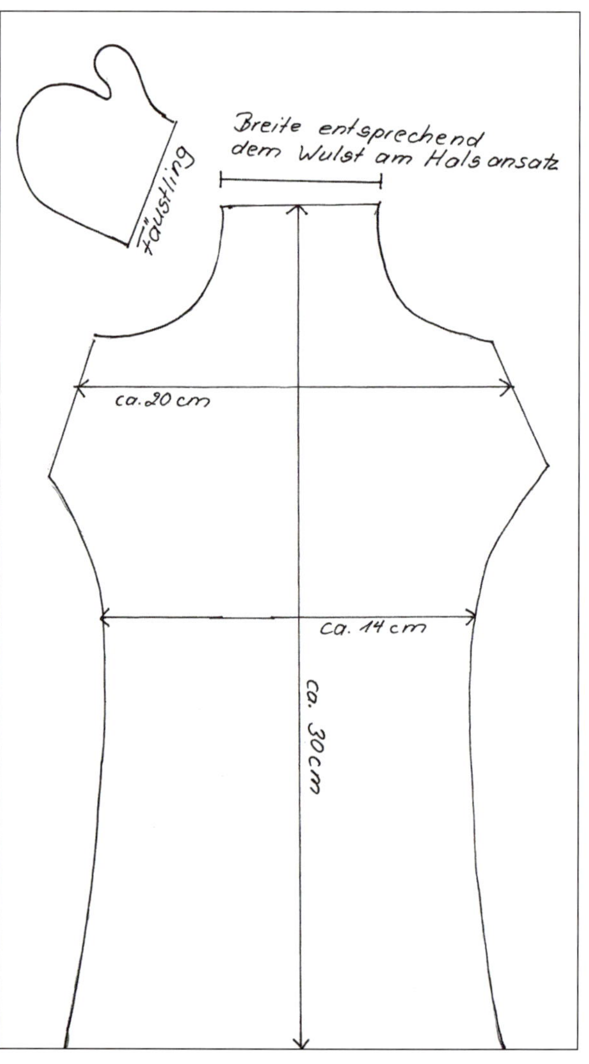

19. Den Stoff rechts auf rechts zusammenlegen, den Papierschnitt darauf platzieren und das Kleid mit 1,5 cm Nahtzugabe an allen Seiten zuschneiden, sodass zwei Stoffteile entstehen.

20. Die Hände in der Form von Fäustlingen mit 1,5 cm Nahtzugabe viermal aus Filz zuschneiden. Die Fäustlinge an die Handenden des Kleides nähen.

21. Die Stoffteile rechts auf rechts mit 1,5 cm Nahtzugabe rund um die Kontur zusammennähen und durch die Handöffnung an der Unterseite auf rechts wenden.

22. **Zusammensetzen der Figur**:
    Das Unterkleid an der Halsöffnung auf die Papphröhre über den Wulst schieben und dort entweder anleimen oder mit Zwirn zusammenraffen und befestigen. Das Gewand der Figur über das Unterkleid ziehen. Am Hals und an den Armen mit wenigen Stichen festnähen. Wem das Nähen eines Kleides zu kompliziert ist, kann auch ein fertiges Puppenkleid verwenden.

23. Jetzt wird die Handpuppe mit allerlei Attributen in ein individuelles Geschöpf verwandelt. Anregungen zur Gestaltung der Frisur ab Seite 123.

Marionetten
→ Wollmarionette
→ Kopfstabmarionette
→ Tuchmarionette

Die Faszination für diese Figurenart ist groß. Ein Besuch im Marionettentheater ist für viele etwas Besonderes und bleibt lange in Erinnerung. Diese Figur schwebt scheinbar schwerelos und eigenständig über die Bühne. Für viele ist dies die Spitze der Puppenbau- und Bewegungskunst.

Eine Marionette besteht aus einzelnen Gliedern und stellt meist eine ganze Figur dar. Sie wird an Fäden oder an einem Holzstab von oben manipuliert. Manche Modelle werden von mehreren Spielern gleichzeitig geführt, um viele feine Bewegungen ausführen zu können: eine hohe Kunst des Zusammenspiels! Die Spieler sind in der Regel unsichtbar und agieren von einer erhöhten Bühne (Spielbrücke) aus.

Die Nachahmung menschlicher Bewegungen ist nur ein Teil dieser faszinierenden Figurenart. Sie kann weitaus mehr! Es muss keine vollgegliederte Holzmarionette mit unendlichen Bewegungsmöglichkeiten durch viele Fäden sein. Für deren Umsetzung braucht es Kenntnisse der Pendelgesetze und der Schwerkraft, viel technisches Know-how, eine gut ausgerüstete Werkstatt und nicht zuletzt teils jahrelange Übung, um sie ins anmutige Spiel zu bringen.

Die Marionette eignet sich in der Praxis für ein Spiel mit Musik, kleine Szenen und Aufführungen. Sie kann jedoch nur eingeschränkt einen Gegenstand in die Hand nehmen oder weitergeben.

Spielweise

- Marionetten eher ruhig und weniger zappelig spielen. Beim Spiel berühren die Beine oder das Kleid den Boden, und die Fäden sind gespannt.
- Tuch- und Kopfstabmarionetten dürfen schweben und müssen nicht nur am Boden dahingleiten.

Knuffig und quirlig: Die Wollmarionette

Hier kommt viel Wolle ins Spiel – je bunter, umso besser. Diese farbenfreudige Marionette aus Strick- oder Häkelgarn ist eine Kopfstabmarionette. Der Körper der Figur wird über den langen Holzstab im Kopf geführt. Der kurze Handstab ermöglicht weiträumige Bewegungen der Hände.

Die Führung mittels eines Stabs im Kopf findet sich traditionell bei Marionetten aus Tschechien und Sizilien.

 Alter: ab 8 Jahre  Zeitaufwand: ca. 60 Minuten

Material

Für die Figur:

- Strick- oder Häkelgarn in gewünschter Farbe, Stärke und Menge, ca. 300 bis 400 Gramm
- Styroporkugel, Ø 5–7 cm
- Brett oder Buch in gewünschter Länge der Figur
- Rundholzstab, Ø 6–8 mm, 50 cm lang, als Haltestab
- Rundholzstab, Ø 6–8 mm, 10 cm lang, als Handstab
- Ösenschraube mit Holzgewinde 10 x 5
- Schraubhaken mit Holzgewinde 15 x 4 oder 20 x 6
- Holzkugel mit durchgehendem Bohrloch, Ø 3,5 cm
- Schwarzer Zwirn

Zur Ausgestaltung:

- Filz- und Stoffreste
- Fell oder Kunstpelz für die Haare
- Wattekugel oder größere Perle als Nase

Arbeitsmaterial:

- Schere
- Stricknadel
- Holzleim
- Klebestift
- Akkubohrer
- Bohrer, 3 mm
- Kastanienbohrer

Anleitung

1. Mit der Stricknadel ein Loch bis zur Mitte der Styroporkugel stechen. Darin den Holzstab mit ausreichend Holzleim einkleben. Gut trocknen lassen!
2. Die Holzkugel am oberen Ende des Rundholzes anleimen. Falls das Bohrloch zu klein ist, den Stab mit Schleifpapier oder dem Cutter verschmälern.
3. Das Strick- oder Häkelgarn so oft um ein Buch oder Brett in passender Höhe wickeln, bis die gewünschte Dicke erreicht ist. Kinder müssen manchmal ermuntert werden, nicht zu früh aufzugeben. Je dichter und dicker der Wollstrang ist, umso besser wirkt die Figur.
4. An einer Kante des Bretts oder Buches einen stabilen Faden unter den Wicklungen durchziehen und den Strang damit fest abbinden. An der gegenüberliegenden Seite die Wicklungen aufschneiden.
5. Den Garnstrang über die Styroporkugel legen und unterhalb davon fest abbinden. Der Holzstab zeigt dabei nach oben.
6. Den mit Garn überzogenen Kopf mit Stab und Wollstrang auf dem Tisch auslegen. Rechts und links zwei schmale Garnsträhnen als Arme zur Seite schieben und an den Enden abbinden.
7. Der Führungsstab wird individuell gekürzt.

   Hinweis: Er hat die richtige Länge, wenn beim Spielen die Figur gerade den Boden berührt und dabei die Hände weder zu hoch noch zu tief gehalten werden müssen. Die angenehmste Haltung ist, wenn der Ellbogen ca. 90 Grad angewinkelt wird.
8. Für den Handführungsstab das kurze Rundholz rechts und links mit einem 3-mm-Bohrer durchbohren.

9. An den Abbindestellen der Arme jeweils einen langen Zwirnfaden anknoten. Das andere Ende des Fadens durch eines der Löcher im Handführungsstab führen. Die Fadenlänge kontrollieren und gegebenenfalls anpassen, bevor sie mit einem Knoten fixiert wird.

   Hinweis: Der Handfaden hat die richtige Länge, wenn er leicht gespannt ist und die Arme der Figur locker nach unten fallen. Spielhöhe und Fadenlänge lassen sich am besten zu zweit anpassen.

10. Die Ringschraube wird seitlich in die Holzkugel am Ende des Haltestabes eingedreht. Mit dem Kastanienbohrer vorbohren. Der Ringschraubhaken wird in die Mitte des Handführungsstabes eingebohrt. In Ruhestellung kann nun der Handstab an der Holzkugel eingehängt werden.

11. **Ausgestaltung:**
    Der Kopf bekommt große Augen aus Filz, einen Mund und eine Nase aus einer (angemalten) Wattekugel oder einer passenden Perle. Die Augen schauen nach vorne und dürfen nicht zu weit auseinanderstehen.

Varianten

Eine Idee für Tüftler: Wie wäre es mit einem achtarmigen Kraken aus Wollfäden, der über ein eigens konstruiertes Spielkreuz bewegt werden kann?

Alternativ zum Kopfstab können für die Wollmarionette auch Spielkreuztechnik und Aufhängung der Tuchmarionette (siehe Seite 71) verwendet werden, die mehr Bewegungsmöglichkeiten für den Kopf bieten.

Prinzessin Tausendschön und Zauberer Wetterwax: Kopfstabmarionetten

Eine Kugel und verschiedene Tücher verwandeln sich in Prinzessinnen, Zauberer, Feen, Teufel, Trolle, Vampire, Gespenster und andere Fantasiegestalten. Mit nur einem Führungsstab und zwei Handfäden sind Kopfstabmarionetten dieser Art leicht zu spielen und bieten trotzdem raffinierte Bewegungs- und Ausdrucksmöglichkeiten. Beim Hinunterfallen bleibt das gefürchtete Fadenchaos aus.

Der Kopf besteht aus einer Styroporkugel, in die der Führungsstab eingeleimt ist. Ein großes Stück Stoff oder übereinandergelegte Stoffteile bilden den Körper.

Für diese Marionettenart ist keine aufwändige Bühne notwendig. Sie kann ebenerdig vor dunklem Hintergrundstoff gespielt werden. Die Spieler bleiben sichtbar und können sich so selbst im Spiel beobachten.

Die Kinder dürfen zuvor aufmalen, wie ihr Kopf aussehen soll: Das erleichtert später die Umsetzung der Ideen. Zusätzlich wird den Kindern deutlich, dass sie beim Gestalten den langen Führungsstab nach oben halten müssen.

Alter: ab 7 Jahre

Zeitaufwand: ca. 60–90 Minuten (2–3 Tage Trockenzeit einplanen!)

Material

Für die Figur:

- Styroporkugel, Ø 7–8 cm
- Weißes Seidenpapier oder dünnes Einwickelpapier
- Wattekugel als Nase
- Rundholzstück, Ø 15 mm, 8 cm lang, für den Hals
- Rundholzstab, Ø 6–8 mm, 50 cm lang, als Haltestab
- Rundholzstab, Ø 6–8 mm, 10 cm lang, als Handstab
- Ösenschraube mit Holzgewinde 10 x 5
- Schraubhaken mit Holzgewinde 15 x 4 oder 20 x 6
- 1 Holzkugel mit durchgehendem Bohrloch, Ø 3,5 cm
- 2 Holzkugeln mit durchgehendem Loch, Ø 3 cm Durchmesser, für die Hände
- Schaumstoffstück (Küchenschwamm), 5 cm x 5 cm x 3 cm, für die Schultern
- Leicht fließender, schwingender Stoff, ca. 50 x 80 cm
- Schwarzer Zwirn

Zur Ausgestaltung:

- Perlen, Bänder, Glitzer
- Fell, Kunstpelz, Garn o.Ä. für die Haare (siehe Anregungen ab Seite 123)

Arbeitsmaterial:

- Akkubohrer und Bohrer 3 mm
- Schere
- Stricknadel
- Holzsäge
- Holzleim
- Tapetenkleister
- Schleifpapier (Körnung 120)
- Kastanienbohrer
- Zahnstocher
- Wasserfarben, Wachsmalkreiden, Filzstifte oder Acrylfarben
- Pinsel und Wasserglas
- Flasche zum Abstellen des Kopfes beim Trocknen

1. **Vorbereitung für den Kopf:**
   Die Wattekugelnase auf einen Zahnstocher spießen, diesen in die Styroporkugel stecken und mit Holzleim einleimen. Die Styroporkugel mit Seidenpapierstücken und Tapetenkleister kaschieren. Gut trocknen lassen!

2. Mit der Stricknadel ein Loch bis zur Mitte der Styroporkugel stechen. Darin den Holzstab mit ausreichend Holzleim einkleben. Gut trocknen lassen!

3. Die Holzkugel am oberen Ende des Rundholzes anleimen. Falls das Bohrloch zu klein ist, den Stab mit Schleifpapier oder dem Cutter verschmälern. Beim Anbringen des Führungsstabes am Kopf darauf achten, dass die Nase eher nach unten, als nach oben zeigt, damit kein „Hans-guck-in-die-Luft" entsteht.

4. Genau gegenüber vom Haltestab am unteren Ende der Kopfkugel mit der Stricknadel ein kleines Loch bohren und das Halsstück etwa 3 cm tief einleimen.

5. Nun kann das Gesicht mit beliebigen Farben aufgemalt werden. Bei der Verwendung von Wasserfarben die Trockenzeit einberechnen! In kürzerer Zeit lassen sich wunderschöne Gesichter mit Filzstiften und Wachsmalkreiden gestalten.

   Hinweis: Erinnern Sie die Kinder immer wieder daran, dass der lange Stab beim Gestalten des Kopfes nach oben zeigen muss.

6. Das Schulterstück aus Schaumstoff mit der Schere leicht oval und an den Kanten abgeschrägt zuschneiden. Mit der Schere in der Mitte ein Loch durchstoßen.

7. Den Stoff zur Hälfte zusammenlegen (50 x 40 cm) und in der Mitte der Faltkante ein kleines (wirklich kleines!) Loch einschneiden.

8. Nun werden alle Teile zusammengesetzt: Erst den Stoff, dann das Schulterstück auf den Hals schieben und mit reichlich Holzleim fixieren. Die Nase zeigt nach vorne. Den Leim vollständig durchtrocknen lassen: Das erfordert viel Geduld.

9. Auf die Enden des Tuchfalzes, also die oberen Ecken des Stoffkörpers, die Kugeln für die Hände aufziehen und mit Leim fixieren. Mit viel Geduld trocknen lassen.

   Hinweis: Wenn die Stoffecke mit etwas Holzleim „zugespitzt" wird, lassen sich die Kugeln leichter aufziehen. Alternativ die Ecke mithilfe einer Stricknadel durch das Loch schieben.

10. Der Führungsstab wird individuell gekürzt. Er hat die richtige Länge, wenn beim Spielen die Figur auf dem Boden „steht" und dabei die Hände weder zu hoch noch zu tief gehalten werden müssen. Die angenehmste Haltung ist, wenn der Ellbogen ca. 90 Grad angewinkelt wird.

11. Für den Handführungsstab das kurze Rundholz rechts und links mit einem 3-mm-Bohrer durchbohren.

12. Hinter den Handkugeln der Arme jeweils einen Zwirnfaden anknoten. Die richtige Fadenlänge ergibt sich, wenn der Arm der Figur locker nach unten hängt und der Handführungsstab auf Höhe der Holzkugel am Ende des Haltestabes ist. Das andere Ende des Fadens durch jeweils eines der Löcher im Handführungsstab führen. Den Faden mit zwei bis drei Knoten befestigen. Spielhöhe und Fadenlänge lassen sich am besten zu zweit anpassen.

13. Die Ringschraube wird seitlich in die Holzkugel am Ende des Haltestabes eingedreht. Mit dem Kastanienbohrer vorbohren. Der Ringschraubhaken wird in die Mitte des Handführungsstabes eingebohrt. In Ruhestellung kann nun der Handstab an der Holzkugel eingehängt werden.

14. Der Ausgestaltung der Figur sind nun keine Grenzen gesetzt.

Varianten

Kopf:

- Die Grundform der Styroporkugel durch Schnitzen verändern.
- Attribute wie Nase oder Ohren individuell aus Styropor ergänzen.
- Kopf aus Holzmehlmasse oder Pappmaché modellieren.
- Kopf aus Styrodur oder Holz schnitzen.

Gewand:

- Das Kleid zuvor mit einer Seidenmaltechnik oder mit Stofffarben gestalten.
- Für das Gewand mehrere übereinandergelegte Stoffteile verwenden.

Zart und poetisch:

Die Tuchmarionette

Zauberhafte Seidentücher verwandeln sich zu rhythmischen Klängen in Luftwesen. Mit Musik erwachen sie zum Leben und präsentieren ihren Tanz oder kleine Szenen vor dem Publikum. Diese Figur ist ein idealer Einstieg in das Marionettenspiel. An ihr lassen sich die Grundlagen des Marionettenspiels – Schwerpunkt, Bewegung, Gestaltung und Spiel – gut vermitteln.

Die Anleitung geht zurück auf den berühmten deutschen Puppenspieler Albrecht Roser aus Stuttgart. Er hat seinen Tuchmarionetten kein Gesicht gegeben, um der Fantasie des Zuschauers möglichst viel Raum zu lassen. Aufgrund ihrer einfachen, aber raffinierten Bauweise – die Aufhängung am Kopf besteht aus drei Fäden – bieten Tuchmarionetten viele Spiel- und Bewegungsmöglichkeiten, die jede einzelne Figur zu einem individuellen Geschöpf machen.

Alter: ab 8 Jahre  Zeitaufwand: ca. 90–120 Minuten

Material

Für die Figur:

- 1–2 Chiffon-Jongliertücher ca. 55 cm x 55 cm oder ein Seidentuch
- 1 Holzkugel, Ø 5–6 cm, mit durchgehender Bohrung für den Kopf
- 2 Holzkugeln, Ø 2–2,5 cm, für die Hände
- 2 Holzkugeln, Ø 2,5 cm, für die Füße
- Holzdübel oder Perlen, Durchmesser entsprechend der Größe der Löcher in den Kugeln
- Mindestens 3 kleine Nägel

Zur Ausgestaltung:

- Fell, Kunstpelz, Garn o.Ä. für die Haare (siehe Anregungen ab Seite 123)

Für das Spielkreuz:

- Rundholzstab, Ø 8 mm, 30 cm lang
- Holzleiste, 15 cm x 2 cm x 0,5 cm
- Schwarzer Zwirn

Arbeitsmaterial:

- Akkubohrer, Bohrer 8 mm und 3 mm
- Hammer
- Kastanienbohrer
- Alleskleber
- Stricknadel
- Wasserfarben/ Pinsel/ Wasserglas

1. **Figur:**
   Am Kopf wird eine horizontale „Äquatorlinie" im Winkel von 90 Grad zur Bohrung leicht mit Bleistift angezeichnet. Dann von Bohrloch zu Bohrloch eine vertikale Linie anzeichnen.

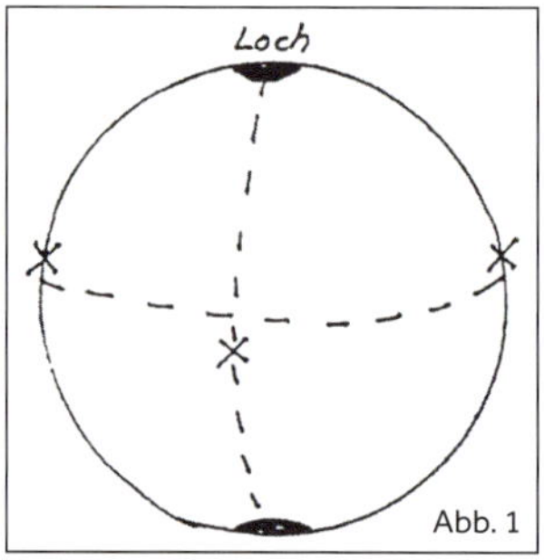

Abb. 1

2. Die in Abb. 1 mit X markierten Stellen leicht mit einem Kastanienbohrer vorbohren: hinten ca. 5 mm unterhalb der Äquatorlinie, rechts und links jeweils ca. 5 mm oberhalb dieser Linie. An den vorgebohrten Stellen jeweils einen kleinen Nagel einschlagen.
3. Das Tuch ausbreiten und das obere Drittel nach unten falten. Die Mitte der Faltkante von unten in die Bohrung der Kopfkugel schieben und dabei mit einer Stricknadel nachhelfen. Das Tuch kann oberhalb der Kopfkugel wieder herauskommen oder versteckt bleiben, wenn die Figur Haare bekommen soll.

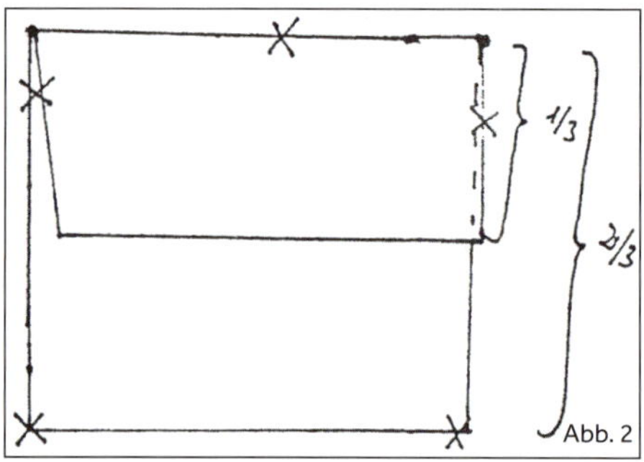

Abb. 2

4. Die Hand- und Fußkugeln an den vier Ecken des gefalteten Tuches aufziehen (siehe seitliche X-Markierungen in Abb. 2). Darauf achten, dass die Falten gleichmäßig liegen und zur Tuchmitte hin eine Art Tüte bilden. Alle Kugeln von der Tuch-Innenseite her mit einem Holzdübel oder einer passenden Perle sichern, damit sie nicht herausrutschen.

5. **Spielkreuz:**
Die Holzteile für das Spielkreuz gemäß Abb. 3 durchbohren: In die Mitte der Rechteckleiste ein Loch in der Stärke des Rundholzstabes (8 mm) und in die rechte und linke untere Ecke der Leiste jeweils ein Loch mit 3 mm Durchmesser setzen. In die Enden des Rundholzstabes jeweils ein Loch mit 3 mm Durchmesser bohren. Den Rundholzstab bis zu einem Drittel seiner Länge durch das Loch in der Rechteckleiste schieben: Das längere Stück zeigt nach vorne, das kürzere nach hinten.

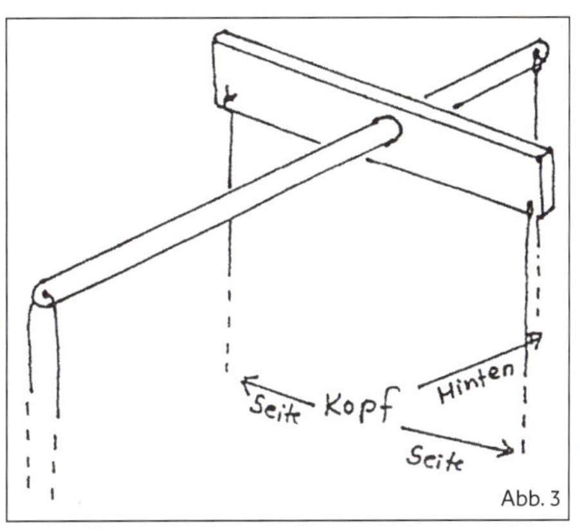

Abb. 3

6. Das Anbringen der Führungsfäden aus Zwirn gelingt am besten zu zweit. Erst alle Fäden an den Nägeln am Kopf anknüpfen. Dann die beiden seitlichen Fäden rechts und links am Querholz des Spielkreuzes befestigen, anschließend den hinteren Faden am Ende des Rundholzstabes. Die Fäden haben die richtige Länge, wenn beim Spielen die Figur am Boden „steht" und dabei die Hände weder zu hoch noch zu tief gehalten werden müssen. Am angenehmsten ist die Spielhaltung, wenn der Ellbogen ca. 90 Grad angewinkelt wird.

7. Hinter der ersten Handkugel wird der Faden befestigt, dann durch das vordere Loch im Rundholz durchgezogen und hinter der zweiten Handkugel angeknotet. Noch besser ist es, wenn der Faden durch die Kugel durchgezogen wird und oberhalb davon verknotet wird. Der Handfaden hat die ideale Länge, wenn beide Hände in Ruheposition locker nach unten hängen.

Eine ganz persönliche Note bekommt die Tuchmarionette, wenn das Seidentuch zuvor in Seidenmaltechnik gestaltet wird.

Puppen und Figuren aus Alltagsgegenständen

- → Blechdose
- → Sieb
- → Gießkanne
- → Schuhbürste & Co.

Viel Raum, um Fantasie und Kreativität auszuleben, bietet der Bau von Puppen aus Alltagsgegenständen. Besen, Bürsten, Schachteln, Becher, Töpfe und viele andere Dinge lassen sich mit Witz und Fantasie in urige Kreationen und einfallsreiche Handpuppen, Marionetten, Tischfiguren oder Stabfiguren verwandeln. Dabei darf es durchaus scheppern und krachen. Das Besondere daran ist, dass das Ausgangsmaterial nicht nur sichtbar bleiben darf, sondern sogar soll.

 Alter: ab 6 Jahre  Zeitaufwand: ca. 60–90 Minuten

Material

Für die Figur:

- Anregendes Sammelsurium von Alltagsgegenständen: Besen, Bürsten, Gießkanne, Topf, Sieb, Schuhe, Trichter, Dosen, Kochlöffel ....
- Stoff, kleine Deckchen, Wolle, Kugeln für die Augen
- Gegenstände zur Gestaltung des Charakters der Figur, z.B. Filz, Perlen, Holzstücke, Obst- und Gemüsenetze, Papier
- Zur Verbindung der einzelnen Teile Schnüre, Holzleisten, Draht, Nägel, Kabelbinder, Ösenschrauben und Schraubhaken

Arbeitsmaterial:

- Schere, Säge, Zange, Kastanienbohrer, Akkubohrer und Bohreinsätze
- Werkzeug zur Bearbeitung des Materials
- Alleskleber, Heißklebepistole, Klebestift

Für ein Spielkreuz:

- Material siehe Angaben zur Kopfstabmarionette oder zur Tuchmarionette

TIPP! Bürsten eignen sich schon von ihrer Grundgestalt her für die Verwendung als Stabfiguren.

Anleitung

1. Den Kindern zu Beginn des Projektes ausreichend Zeit lassen, um das Sammelsurium an Materialien zu sichten, zu durchforsten und immer wieder neu zu kombinieren. Manche Kinder brauchen Anregung durch Fragen wie: „Welche Figur könnte sich in diesem Gegenstand verstecken?“ So hat beispielsweise eine Spülbürste schon Haare. In einer umgedrehten Gießkanne könnte ein Kopf mit einer langen Nase zu erkennen sein. Manchmal ist es ein besonderes Merkmal

eines Objektes, das zur zündenden Idee führt. Jede Idee erfordert eine individuelle Beratung und Bauanleitung. Darum empfiehlt es sich, solche Figuren aus Alltagsgegenständen nur in einer kleineren Gruppe zu bauen.

2. Nach dem erfolgreichen Zusammenstellen des Materials stellen die Kinder den anderen ihre Idee vor. Gemeinsam wird für jede Figur nach einer Lösung für die Umsetzung gesucht. Eine fehlende allgemeingültige Anleitung fördert das Suchen von individuellen Lösungen und dem Prinzip „Versuch und Irrtum". Es kann ein spannender, manchmal längerer Prozess sein, eigene Lösungen für einen Bewegungsmechanismus zu finden. Die Vielfalt der Kreaturen, die entstehen, lohnt diese Geduld allemal.

3. Die Ausgangsmaterialien können auf unterschiedliche Weise miteinander verbunden werden:

   - Bohrungen an den entsprechenden Stellen
   - Eine lockere Verbindung mit einer Kordel
   - Eine stabilere Verbindung mit Draht oder Ringschrauben
   - Kabelbinder

Ein wichtiger Gedanke zum Schluss: Nicht zu kompliziert denken und bauen! Eine einfache Idee ist oft besonders wirkungsvoll. Das darf auch den Kindern vermittelt werden. Manchmal genügt für die Führung ein Stab, an dem die Figur mit zwei oder drei Fäden aufgehängt ist.

Klappmaulfiguren

→ Sockenpuppen
→ Klappmaultiere

Klappmaulfiguren sind Puppen, bei denen sich der Mund durch das Öffnen und Schließen der darin befindlichen Hand bewegt. Je genauer die Mundbewegung mit dem gesprochenen Wort übereinstimmt, umso authentischer ist das Spiel. Es muss nicht jede Silbe betont werden, das wirkt unnatürlich. Beim Sprechen sollte sich der Unterkiefer eher nach unten bewegen als der Oberkiefer nach oben. Und keine Sorge: Um diese Figuren zum Sprechen zu bringen, muss man keineswegs die Kunst des Bauchredens beherrschen.

Diese Figurenart eignet sich sehr gut, um im Stuhlkreis Geschichten zu erzählen, mit den Kindern ein Gespräch zu führen oder Spiele und Themen einzuführen. Mit Hortkindern lassen sich einfache Modelle erfolgreich bauen.

Bei einem Theaterstück mit dieser Figurenart nicht zu viele Puppen gleichzeitig auftreten lassen! Sie nehmen sich sonst gegenseitig ihre Wirkung weg.

Nicht nur Monster, sondern liebe und verrückte Spielgesellen:

Sockenpuppen

Sockenpuppen zählen zu den Klappmaulfiguren. Sie sind für das freie Spiel in der Gruppe oder im Kreis ebenso geeignet wie für vielseitige Szenen hinter einem Bühnenvorhang. Die Herstellungsmöglichkeiten sind individuell und reichen von einfach bis anspruchsvoll. Für besonders haltbare Sockenpuppen sollten Nähkenntnisse vorhanden sein. Ansonsten reichen Klebekünste.

Für die verschiedenen Modelle darf nach Lust und Laune experimentiert werden, sodass immer neue Varianten entstehen.

Zeitaufwand: ca. 60–90 Minuten

Für die Figur:

- Socken aller Art – große und kleine, bunte und einfarbige, wuschelige und glatte –, in denen die Spielerhand gut Platz findet
- Für die Augen: Knöpfe, Perlen, Filz, Wattekugeln, Tieraugen
- Pappe, 2–3 mm stark
- Buchbindeleinen oder festes Stück Stoff (z.B. Jeans)
- Eventuell Füllwatte und Schaumstoffreste

Zur Ausgestaltung:

- Wolle, Stoffreste, Filz, Perlen, Bänder, Filzwolle, Garn o.Ä. für die Haare (siehe Anregungen ab Seite 123)

Arbeitsmaterial:

- Nadel und Faden
- Schere
- Cutter
- Klebestift, Textilkleber

Anleitung für das klassische „Sockenmonster"

1. Die Fußsohle der Socke auf Papier abzeichnen und in die Vorlage für das Maul verwandeln. Dazu den Papierschnitt rundum begradigen und symmetrisch schneiden, sodass eine Art langgezogenes Oval entsteht (Abb. 1). Dabei kann die Form des Maules individuell gestaltet werden: Den Schnitt belassen, aber rundum 1 cm verschmälern oder so in Form schneiden, dass er in der Mitte etwas enger wird oder an den Enden spitz zuläuft.

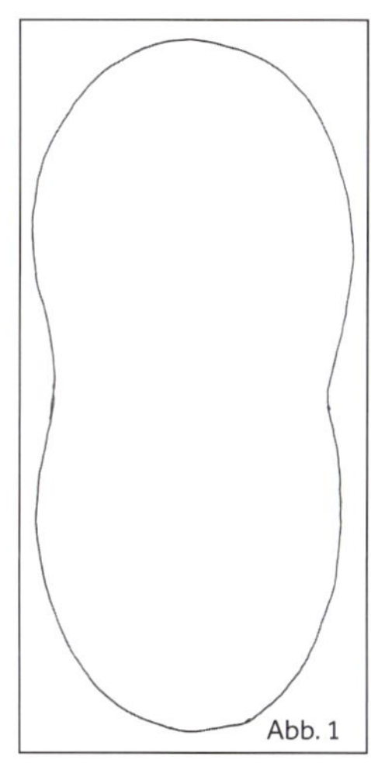

Abb. 1

2. Die Vorlage halbieren oder für ein kürzeres Unterteil im Verhältnis 2:1 (Oberkiefer zu Unterkiefer) falten. Die Faltkante anzeichnen. Diesen Schnitt auf die Pappe übertragen. Die Form ausschneiden und an der vorher gekennzeichneten Linie auseinanderschneiden.

3. Zwei Stücke Buchbindeleinen oder festen Stoff auf die Breite des Mauls und eine Höhe von 5 cm zuschneiden. Die beiden Pappteile auf der Vorder- und Rückseite jeweils mittels Klebestift mit einem Stoffstreifen verbinden. Dabei in der Mitte zwischen den Pappteilen einen halben Zentimeter Abstand lassen, damit die Sockenfigur im Ruhezustand keine Maulsperre bekommt und sie sich leichter auf- und zuklappen lässt (Abb. 2). Den Klebstoff gut trocknen lassen. Dabei die Teile nicht bewegen!

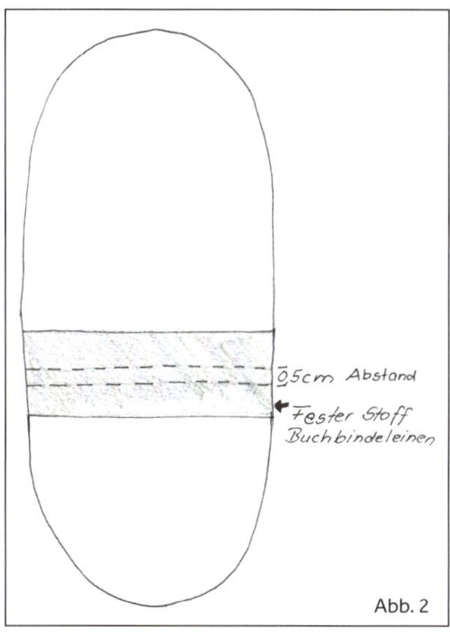

Abb. 2

4. Die Socke auf links wenden und das Pappteil mit dem Klebestift auf die Innenseite der Sohle kleben. Den Klebstoff gut trocknen lassen; erst dann die Socke wieder auf rechts wenden.
5. Das Maul von außen mit rotem Filz bekleben und vielleicht eine Zunge ergänzen.
6. Nun kann die Sockenpuppe nach Belieben gestaltet werden. Beim Ansetzen der Augen darauf achten, dass sie nach vorne blicken und so den Zuschauer ansehen. Stoffstreifen, um die Augen geklebt oder genäht, ergeben Augenhöhlen.
7. In den Kopf kann Füllwatte gestopft werden oder ein Schaumstoffteil eingelegt werden. Er wird damit plastischer und höher. Die Füllwatte in ein kleines Stoffsäckchen, z.B. einen Teil eines anderen Strumpfes, stecken. Dieses Säckchen innen im oberen Teil des Kopfes annähen. Mit etwas Geschick lassen sich ein Nasenrücken oder Nüstern abnähen.
8. **Hinweis:** Anregungen zur Gestaltung der Frisur finden sich ab Seite 123.

Bauvariante:
Die Socke flach hinlegen und das vordere Fußteil zu einem Drittel abschneiden. Für ein schnabelartig spitzes Maul den Sockenfuß öffnen und spitz zuschneiden.

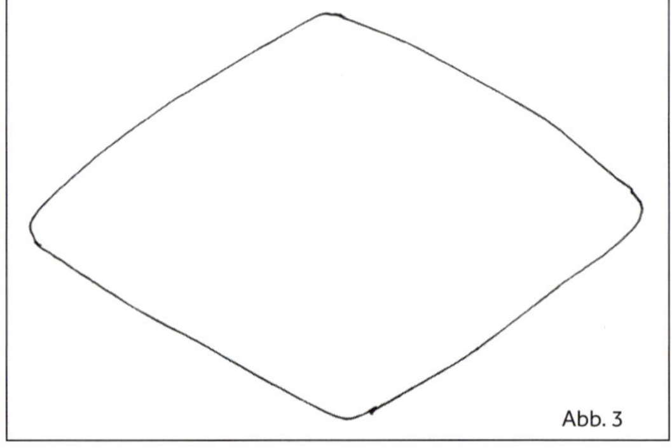
Abb. 3

Die Schnittstelle öffnen und die Breite und Länge der Öffnung dazwischen erst auf Papier und dann auf Pappe übertragen (Abb. 3). Wie unter Schritt 2 und 3 beschrieben, die Pappe in der Mitte teilen und durch ein Gelenk aus Buchbindeleinen oder festem Stoff wieder verbinden.

Das Pappteil in den zugeschnittenen Fuß einkleben und gut trocknen lassen. Dabei den Stoff etwas auf die sichtbare Seite der Pappe ziehen.

Die Innenseite des Mauls mit rotem Filz bekleben. Die Sockenpuppe vielleicht mit einer Zunge und vielen weiteren witzigen Attributen ergänzen.

Bei diesem Sockenmonster wurde die Fußspitze nach innen gezogen und mit ein paar Stichen am Rand befestigt.

Alles Papier!

Klappmaultiere aus Zeitungspapier

Der Bau dieser Klappmaulfigur erfordert Zeit und Geduld, aber die Mühe lohnt sich. Nicht zuletzt durch die plakative Bemalung entstehen skurrile, fröhliche, lebendige Figuren, die sich für einen Auftritt im Stuhlkreis oder als Gruppenmaskottchen eignen. Fantasiefiguren sind leichter zu gestalten als Tiere nach konkreten Vorlagen. Die Augen müssen nach vorne blicken und liegen nicht, wie in der Natur, an den Seiten des Tierkopfes.

Alternativ zum Körper aus Stoff lässt sich ein entsprechend großes Hemd verwenden. Die Figur bekommt mit dem Ärmel eine eigene Hand und kann damit Dinge direkt greifen, anfassen und auf etwas zeigen.

 Alter: ab 10 Jahre  Zeitaufwand: 5–6 Tage (wegen der verschiedenen Trockenphasen)

Material

Für die Figur:

- Graupappe, 2–3 mm stark
- Karton oder Kartonreste
- 1 Bogen Packpapier
- Viel Zeitungspapier
- Buchbindeleinen oder fester Stoff (Jeans)
- Weich fließender, gut fallender Stoff (Pannesamt, dünner Baumwoll- oder Leinenstoff) für das Gewand

Zur Ausgestaltung:

- Fell, Kunstpelz, Garn o.Ä. für die Haare (siehe Anregungen ab Seite 123)

Arbeitsmaterial:

- Schere
- Tapetenkleister
- Holzleim
- Klebestift
- Heißklebepistole
- Kreppklebeband
- Cutter
- Nähzeug
- Plakatfarbe oder Acrylfarbe in den Grundfarben sowie in Weiß und Schwarz
- Mehrere Borsten- und Stupfpinsel
- Wasserglas
- Verschließbare kleine Gläser

TIPP! Die Figur nicht zu gewaltig bauen! Sie wird dann zu schwer und nicht mehr spielbar.

Die Klappmaulfigur besteht aus drei Teilen: dem Oberkiefer, dem Hinterkopf, der an den Oberkiefer angefügt wird, und dem Unterkiefer (Abb. 1).

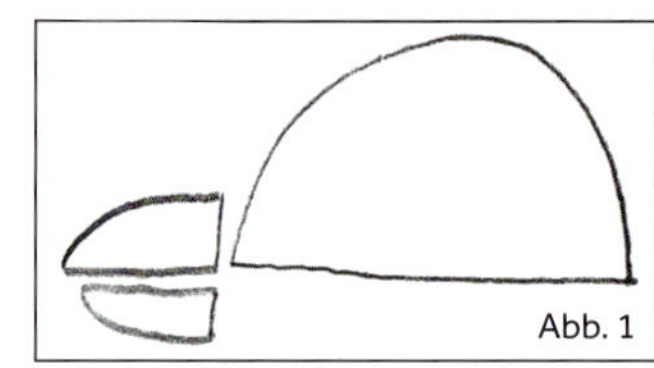
Abb. 1

1. Ein Papiermodell für den Kiefer anfertigen: Die Hand an die Kante eines Blattes Papier anlegen, um die erforderliche Größe zu ermitteln. Die Länge des Oberkiefers sollte etwa der des längsten Fingers plus 1 cm entsprechen. Rechts und links ebenfalls jeweils ca. 1 cm zugeben. Bei einigen Tieren könnte der Unterkiefer kürzer als der Oberkiefer sein; die Breite muss jedoch der des Oberkiefers entsprechen. Die Papiervorlagen ausschneiden.

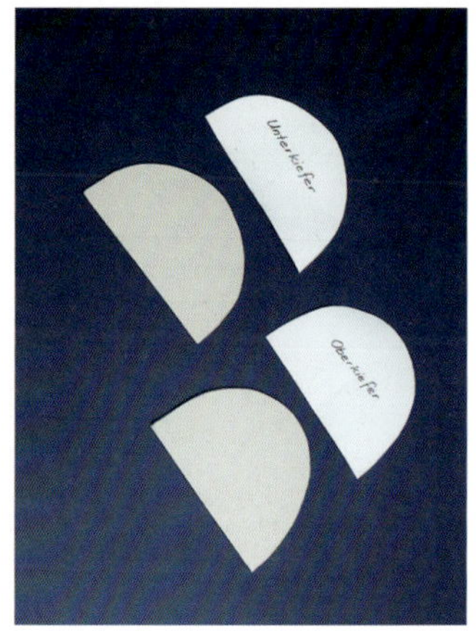

2. **Ober- und Unterkiefer:** Die Vorlagen jeweils zweimal auf Graupappe (ca. 2 mm stark) übertragen und ausschneiden. (Die Papiervorlagen aufheben!)

3. Für den Oberkiefer ein Graupappeteil mittig auf das untere Drittel einer halben Zeitungsseite legen und mit Klebestift fixieren.

4. Kleine, nicht zu eng gedrückte Zeitungspapierknöllchen auflegen (nicht ankleben!), bis das Maul die gewünschte Höhe hat.

5. Den so vorbereiteten Oberkiefer mit der Zeitung einpacken. Dabei das Zeitungspapier am Rand der Pappe nach hinten führen und am hinteren Ende nach innen einschlagen.

6. Etwa 3–4 Schichten Zeitungspapierstreifen mit Tapetenkleister kreuz und quer aufkleben; dabei darauf achten, dass der Eingriff hinten frei bleibt. Einen sauberen Rand am hinteren Ende formen.

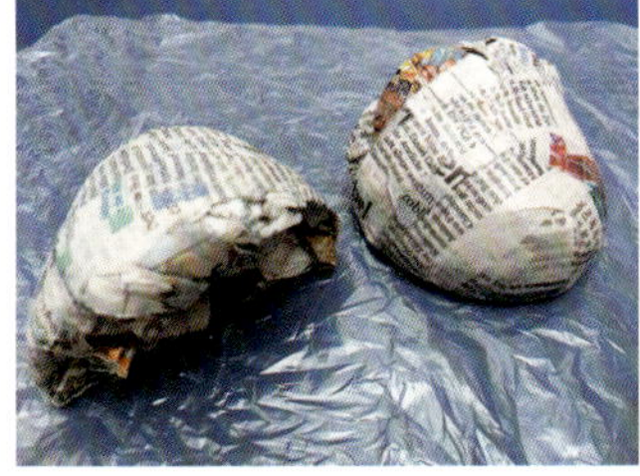

7. Den Unterkiefer auf die gleiche Weise herstellen.

8. **Hinterkopf:** Auf einer ganzen Zeitungsseite locker geknüllte Papierknäuel zu einer Halbkugel anordnen. Testen, ob die Größe zum geplanten Oberkiefer, bzw. zur Figur passt. Die Halbkugel mit dem Zeitungsblatt einpacken.

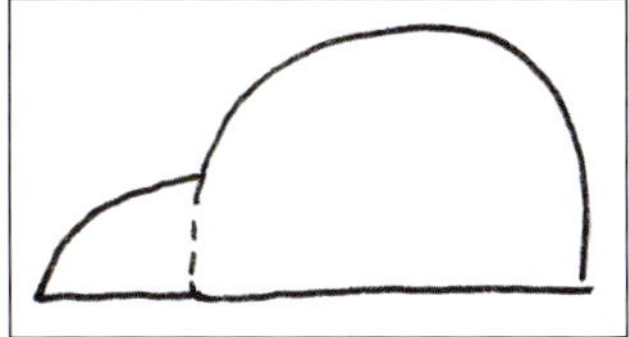

9. Den offenen Teil des Oberkiefers an die Halbkugel ansetzen. Ein Stück des Einwickelpapiers so herausziehen, dass sich dadurch ein durchgehender Übergang zum Kieferteil ergibt. Den gesamten unteren Rand einschließlich des Oberkiefers mit einem Streifen Kreppklebeband einfassen, um ihn zu fixieren.

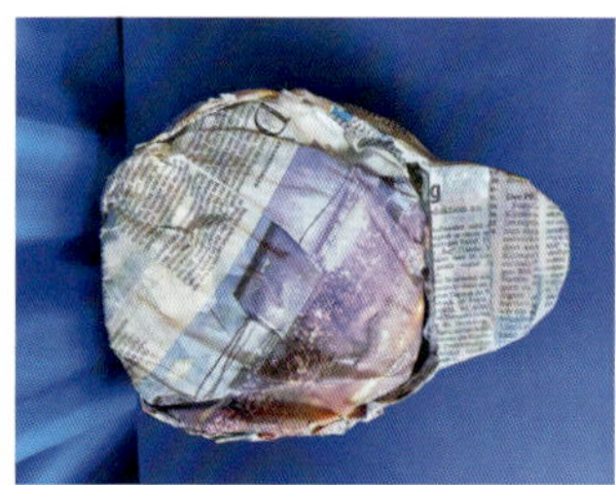

10. Oberkiefer und Hinterkopf kreuzweise mit langen, eingekleisterten Papierstreifen verbinden. Die Teile sollten dabei flach auf dem Tisch liegen. Nun wieder ca. 3–4 Schichten eingekleisterte Papierstreifen anbringen. Immer wieder Oberkiefer und Hinterkopf zusammenschieben: Dadurch erhöht sich der Gesichtsteil, an dem später nach vorne blickende Augen angebracht werden. Bei diesem Schritt muss der Hohlkörper noch nicht zwangsläufig die gewünschte Endform des Kopfes haben.

11. Darauf achten, dass von der Unterseite her die Mittellinie von Hinterkopf und Oberkiefer symmetrisch ist.

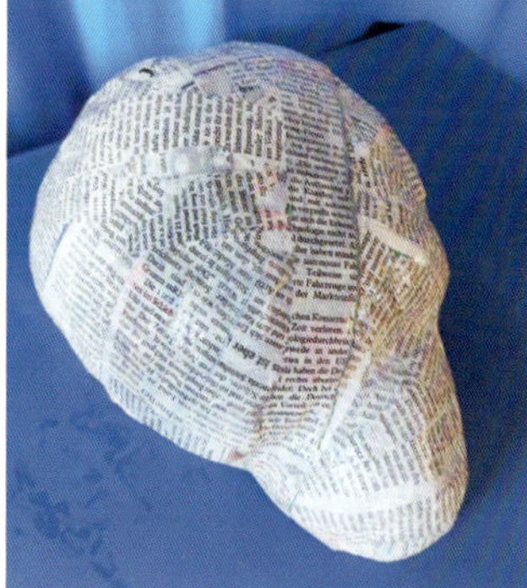

12. Den fertigen Kopf gut trocknen lassen. Nicht auf einen Heizkörper legen, weil das Werk beim Trocknen sonst zu sehr zusammenschrumpft und eine runzelige Oberfläche entsteht.

13. Nach dem Trocknen vorsichtig die Papierknäuel aus dem Kopf (Oberkiefer, Hinterkopf und Unterkiefer) herausziehen.

14. Den Hohlkörper eventuell etwas in Form schneiden. Den unteren Rand gleichmäßig schneiden. Der Daumen soll gut in den Unterkiefer passen.

15. Eventuell entstandene Löcher überkleben. Falls die Form nicht ganz gelungen ist, kann sie teilweise aufgeschnitten, neu zusammengeschoben und mit eingekleisterten Papierstreifen wieder geschlossen werden.

16. Die Augen sollen nach vorne zeigen. Hierzu die Gesichtspartie stärker als normal nach oben ziehen oder die Augenfläche durch einen entsprechenden Aufbau hervorheben.

17. **Ausgestaltung:** Nun beginnt die eigentliche Gestaltung der Figur. Aus Pappteilen, zusammengeknülltem Papier, Papier- oder Wattekugeln und Kordeln, die über die Grundform kaschiert werden, entstehen Ohren, Augen, Nase, Drachenzacken und beliebige weitere Details. Die Oberfläche immer glatt und faltenfrei halten. Nur gerissenes

Papier verwenden, kein geschnittenes mit glatten Kanten.

18. Ohren oder Drachenzacken aus Pappteilen ausschneiden und für eine haltbare Verbindung zum Kopf mit einem Klebefalz versehen. Als Untergrund für Lippen oder Nasenknochen lassen sich dicke Kordeln oder gedrehte Zeitungspapierstreifen verwenden.

19. Die Kunst besteht darin, den Kopf so zu gestalten, dass er natürlich und nicht nach Papier aussieht. Ohren werden beispielsweise mit Papierstreifen eingefasst.

20. Abschließend eine Schicht Packpapier in kleinen Schnipseln mit Tapetenkleister innen und außen aufbringen. Die Form wird dadurch stabiler und bekommt einen einfarbigen Untergrund für die Bemalung.

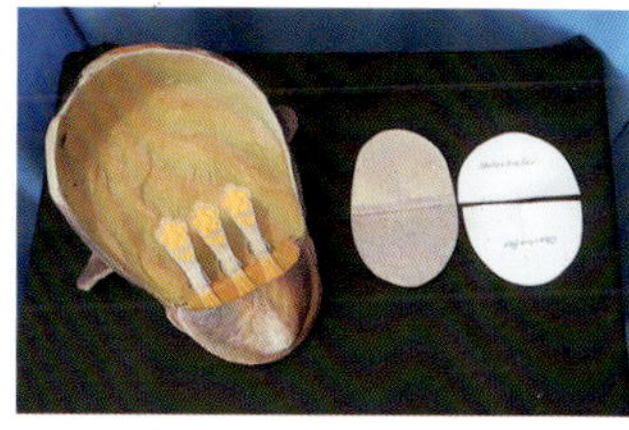

21. **Verbindung von Oberteil und Unterkiefer:** Nach der Papiervorlage aus Schritt 1 das Kieferteil verdoppeln und zweimal aus Buchbindeleinen oder festem Stoff ausschneiden. So zuschneiden, dass es faltenfrei innen und außen angebracht werden kann. Das erste Stoffteil bis auf einen Streifen in der Mitte

(= Falz) mit Holzleim einstreichen und damit Oberteil und Unterkiefer von innen verbinden. Eventuell mit Wäscheklammern fixieren. Gut trocknen lassen!

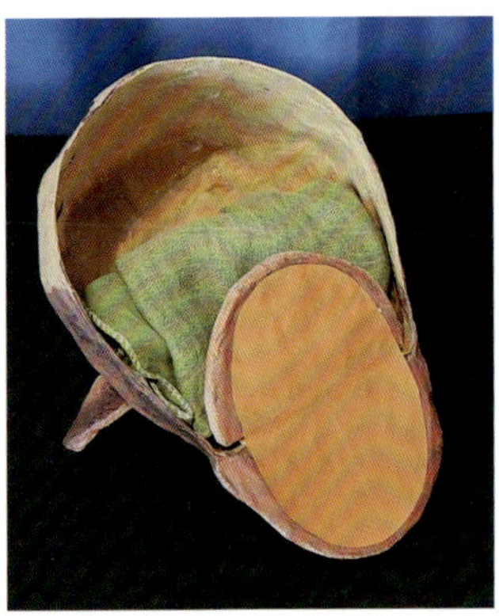

22. Das Maul öffnen, das zweite Stoffteil mit Holzleim einstreichen und von außen ankleben. Mit einem Stück Stoff das Kieferteil abstützen. **Achtung!** Den Falz von Klebstoff frei halten und den Leim vollständig trocknen lassen, bevor das Maul zum ersten Mal bewegt wird. Vermeiden, dass Holzleim auf die Außenseite des Buchbindeleinens kommt. Das gibt nicht zu korrigierende Flecken.

23. **Bemalung:** Bei dieser Figurenart ist die Fernwirkung wichtig. Hervorstehende Partien (Backen, Stirn, Schnabel oben, Lippen, Augenbrauen, Ohrränder) werden heller und tiefer liegende Teile (Grübchen, Augenhöhlen, Seiten) dunkler bemalt. Helle Farben reflektieren das Licht stärker und treten deshalb deutlicher hervor. Gemischte Farbtöne wirken lebendiger und natürlicher. Etwa ein halbes Joghurtglas voll Grundfarbe für die Figur sowie eine hellere und eine dunklere Schattierung dieses Farbtons anmischen. Falls der Schnabel oder das Maul eine andere Farbe bekommen soll, sind dafür ebenfalls drei unterschiedliche Schattierungen der gleichen Farbe erforderlich.

24. Für eine hellere oder dunklere Farbe aus dem Grundton jeweils etwas Masse in zwei Extragläser geben. Der helle Ton wird mit Gelb oder Weiß aufgehellt. Der dunkle Ton entsteht durch die vorsichtige Zugabe von Blau oder Schwarz. **Hinweis:** Die Wirkung der Farbe lässt sich am Hinterkopf ausprobieren, weil dieser später unter einem Haarschopf verschwindet. Erst nach dem Trocknen beurteilen, ob die Farbe den Vorstellungen entspricht.

25. Die Figur mit der Grundfarbe anmalen. Anschließend die hellere Farbe an den oben ge-

nannten Stellen aufstupfen und zuletzt die dunklere Farbe in die Vertiefungen setzen. Dabei den Borstenpinsel erst auf einem Stück Papier abtupfen, damit möglichst wenig Farbe auf die Figur aufgetragen wird. Mehrmals wiederholen.

26. Wirklich hervorstehende Teile (z.B. Augenbrauen) können später noch zusätzlich durch vorsichtig aufgestupfte weiße Farbe betont werden.

27. Gemalte Augen werden mit farblosem Nagellack überzogen, um ihnen Glanz zu verleihen.

28. **Gewand:**
Den Stoff zuschneiden. Länge: von der abgeknickten Hand bis zum Ellbogen zuzüglich 5 cm für den Tunnelzug. Breite: ca. 1,5–2 x die Länge des unteren Randes der Figur. Dieses Maß lässt sich mit einem rundum angelegten Faden ermitteln.

29. Am oberen Rand des Stoffs einen Tunnelzug nähen. Dazu auf der linken Stoffseite den Rand 5 cm breit umschlagen und mit dem Bügeleisen fixieren. Mit der Nähmaschine den Umschlag mit einem Abstand von 4 cm zum Rand annähen. Einen reißfesten Faden in der Länge des unteren Randes der Figur mit Hilfe einer Sicherheitsnadel einziehen. Die Fadenenden miteinander verknoten. Eventuell den Stoff zu einem Schlauch zusammennähen.

30. Die entstandenen Falten gleichmäßig verteilen. Mit der Heißklebepistole den Stoff innen am Figurenkopf befestigen. Dazu an der Maulmitte beginnen und abwechselnd in kleinen Schritten rechts und links ankleben.

31. Nun lässt sich das Werk noch nach eigenen Vorstellungen mit Accesoires ausstatten.

32. Die Figur wird zum Leben erweckt, indem der Daumen den Unterkiefer nach unten bewegt und die restlichen Finger den Oberkiefer halten und bewegen. Falls diese Öffnungen für die Finger zu groß sind, mit Schaumstoff auspolstern. Dieser verhindert auch, dass die Spielhand aus der Figur herausrutscht.

Stabfiguren und Stockpuppen

- → Stabfiguren aus Kochlöffeln
- → Die Marotte
- → Die Flachfigur

Bei dieser Figurenart wird der Kopf von unten durch einen Stab geführt. Die Hände werden durch an ihnen befestigten Stäbe gesteuert. Unterkörper und Beine fehlen meist. Beim Spiel hinter einem Vorhang werden die Bewegungen des Unterleibes und der Beine imaginär dargestellt, indem der Spieler mit kleinen Schritten parallel die Gangart der Figur auf der Bühne ausführt.

Die Stabfigur kann durch die Bewegung und die Gestaltung mit leichten Stoffen sehr lebendig auftreten.

Es bedarf einiger Fingergeschicklichkeit, die Figur mit zwei Handstäben allein zu führen. Meist werden solche Figuren von zwei oder mehr Puppenspielern geführt, was besondere Ansprüche an die Koordination und das Aufeinander-Eingehen stellt. Große Tradition hat diese Figurenart im chinesischen Puppentheater. Auch die asiatischen Schattenspielfiguren gehören in diese Kategorie.

Eine einfache Stabfigur, die Marotte, ist durch ihre Schlenkerbewegungen leicht spielbar. Sie geht auf das königliche Zepter zurück und war im ausgehenden Mittelalter typisches Requisit des Narren. Noch heute gehört sie im Karneval bzw. in der Fastnacht zu einigen Kostümen.

Bei der Stockhandpuppe oder Handstabfigur ragt eine Hand des Spielers aus dem Gewand heraus und wird zur Hand der Figur. Die Puppe kann damit etwas anfassen, auf etwas zeigen oder etwas vorführen und eignet sich deshalb gut für den Einsatz im Stuhlkreis.

Zu schade für den Kochtopf!

Stabfiguren aus Kochlöffeln

 Alter: ab 5 Jahre  Zeitaufwand: ca. 60 Minuten

Material

Für die Figur:

- Kochlöffel, Quirl und Pfannenwender aus Holz in unterschiedlichen Größen und Formen
- Pfeifenreiniger für Hände
- Stoffteile für die Kleidung
- Perlen, Halbkugeln für die Augen
- Wattekugel beliebiger Größe als Nase

Zur Ausgestaltung:

- Woll- und Filzreste, Tüll, Stoffreste, Bänder, Perlen, Glitzer, Garn o.Ä. für die Haare

Arbeitsmaterial:

- Akkubohrer und entsprechende Bohreinsätze
- Holzfeile
- Schere
- Alleskleber (mit Lösungsmittel), Klebestift
- Nadel, Faden, Nähgarn
- Wasserfarben, Pinsel, Wasserglas
- Filzstifte

Anleitung

1. Zunächst dürfen die Kinder das Sammelsurium an Kochlöffeln betrachten und die Fantasie spielen lassen, was für Figuren daraus entstehen könnten. Jedes Kind stellt seine Idee vor und erklärt, wie es sie umsetzen möchte. Die Vielfalt an kreativen Projekten erfordert individuelle Lösungen.
2. Für die Arme können Löcher gebohrt werden, um den Pfeifenreiniger durchzuziehen und einzukleben. Alternativ den Pfeifenreiniger zweimal an der entsprechenden Stelle um den Kochlöffelstiel wickeln und ankleben.
3. Das Gewand wird oben gerafft und mit Klebstoff am Kochlöffelstiel befestigt. Eventuell den Holzstiel an dieser Stelle rundherum mit einer Feile einkerben, damit das Kleid nicht abrutscht.
4. Die Augen entstehen aus Perlen oder schwarzen Halbkugeln oder werden aufgemalt. Als Nase könnte beispielsweise eine Wattekugel fungieren. Der Gestaltungsfreiheit sind keine Grenzen gesetzt.
5. In einem fröhlichen Küchentheater treten die Kochlöffelstars am Ende gemeinsam auf.

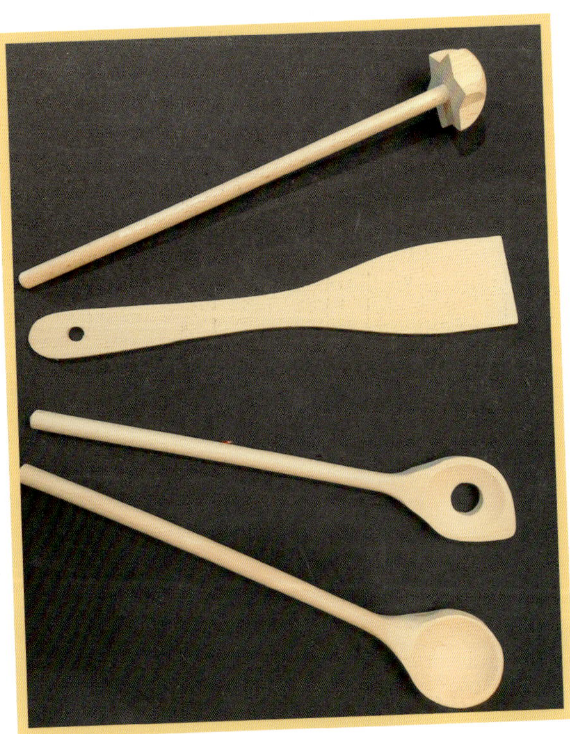

Die Marotte:

Eine Primaballerina auf der Bühne

Die Marotte besteht im Wesentlichen aus einem Kopf auf einem Stab und einem Körper aus leicht schwingenden Stoffen. Der Stab ist die Achse, um die sich die Puppe dreht. Sie kann Hände bekommen, die zusätzlich schlenkern. Obwohl sie nur wenige Bewegungsmöglichkeiten hat, wirkt die Marotte auf der Bühne sehr lebendig. Sie liebt schwungvolle Musik, die ihre tänzerischen Drehungen unterstützt.

Alter: ab 5 Jahre

Zeitaufwand: ca. 45–60 Minuten (ohne Trockenzeit)

Material

Für die Figur:

- Styroporkugel, Ø 7 cm, für den Kopf
- Wattekugel beliebiger Größe als Nase
- Zahnstocher
- Holzstab, Ø 8 mm, Länge ca. 40 cm
- Schaumstoffrest als Schulterstück ca. 4 cm x 4 cm x 2 cm
- 2 Holzkugeln mit durchgehendem Loch, Ø 2,5–3 cm, als Hände
- Gut schwingende Stoffe oder Stoffreste wie dünne Gardinenreste, Tüll, feine Baumwolle, Mullbinde oder Seide für das Gewand

Zur Ausgestaltung:

- Strickgarn oder Fell für die Haare
- Glitzer, Perlen, Knöpfe, Schmuck, Glöckchen

Arbeitsmaterial:

- Holzsäge
- Holzleim
- Stricknadel
- Schere
- Feines Schleifpapier
- Farben (z.B. Wasserfarben, Wachsmalkreiden, Filzstifte oder Acrylfarben)
- Pinsel und Wasserglas
- Flasche zum Abstellen der Figur beim Trocknen

Anleitung

1. Die Styroporkugel mit feinem Schleifpapier anschmirgeln, bis sie nicht mehr glänzt. Die Wasserfarbe hält dann besser darauf.
2. Ein Ende des Zahnstochers mit etwas Holzleim in die Nasenkugel, das andere Ende in die Styroporkugel einleimen.
3. Für den Haltestab auf der Kopfunterseite mit der Stricknadel ein Loch bis zur Mitte der Styroporkugel vorbohren und den Rundholzstab mit Holzleim so darin befestigen, dass die Nase der Figur leicht nach unten zeigt und die Puppe kein „Hans-guck-in-die-Luft" wird.
4. Den Kopf bemalen und trocknen lassen. Für das Trocknen ausreichend Zeit einplanen, damit bei der Weiterverarbeitung nichts verschmiert.
5. Das Schulterstück aus Schaumstoff mit der Schere auf die genannte Größe leicht oval und an den Kanten abgeschrägt zuschneiden. Mit der Schere in der Mitte ein Loch durchstoßen.
6. Aus dünnem, fließendem Stoff einen Kreis mit ca. 50–60 cm Durchmesser zuschneiden. In der Mitte ein kleines (!) Loch bohren.
7. Für die Arme ein ca. 40 cm langes und ca. 5 cm breites Stoffstück

zuschneiden. In die Mitte ebenfalls ein kleines Loch bohren. Auf jedes Ende des Streifens eine Holzkugel auffädeln und mit einem Knoten sichern.

8. Die Figur zusammensetzen: Das Stoffstück für die Arme, das Gewand und das Schulterstück in dieser Reihenfolge von unten auf den Holzstab aufschieben und ankleben. Gut trocknen lassen!

9. Nun kann die Figur beliebig ausgestaltet werden. Längere Haare, die bei jeder Drehung mitschwingen, sowie Glöckchen oder andere klingende Elemente wirken besonders effektvoll.

Varianten

Die Grundfigur kann durch aufwändigere Ausgestaltung und ausgefeilte Bewegungsmöglichkeiten mit zusätzlichen Führungsstäben den Fähigkeiten der Zielgruppe angepasst werden.

Grundmaterial für den Kopf variieren:

- Alltagsgegenstände, z.B. Bürste mit langem Stiel
- Modellierte Köpfe aus Holzmehlmasse, Pappmaché o.Ä.
- Aus Styrodur oder Holz geschnitzte Köpfe
- Mehrere Styroporkugeln zusammenkleben und kaschieren.

Kleid:

- Gewand in Seidenmaltechnik gestalten.
- Mehrere leichte Stoffstücke übereinander verwenden.

Die Marotte kann sich in eine Hand-Stock-Puppe verwandeln:

Die Figur erhält einen größeren Kopf und ein weiteres Gewand oder Hemd mit einer Öffnung für die Spielerhand. Die Illusion, dass dies die Hand der Figur ist, wird durch einen angenähten Handschuh verstärkt.

Flach, aber oho:

Die Flachfigur

Die zweidimensionale Flachfigur wird in ihrer Grundform ohne eigene Bewegungsmöglichkeit am Stab geführt. Als gegliederte Figur bietet sie Tüftlern eine technische Spielwiese für das Experimentieren mit raffinierten Bewegungsmöglichkeiten unter Ausnützung aller Hebelgesetze.

Die Flachfigur kann mit unterschiedlichen Gesichtern auf der Vorder- und Rückseite überraschen, sie kann sich verwandeln, die einzelnen Teile können getrennt voneinander bewegt werden, sie kann wachsen und schrumpfen oder als Klappfigur verblüffen.

Geführt wird die Flachfigur von unten an einer Spielleiste. Mit Kindern lässt sich leicht eine einfache Form aus Pappe anfertigen, um sofort ins Spiel zu kommen. Langlebigere Flachfiguren entstehen aus Sperrholz.

Die prachtvollen Figuren im asiatischen Schattentheater gehören ebenfalls in diese Kategorie. Einfache Modelle lassen sich mit Kindern für ein Schattenspiel leicht umsetzen.

Alter: ab 5 Jahre

Zeitaufwand: ca. 45–60 Minuten (ohne Trockenzeit)

Material

Für die Figur:

- Papier zum Aufzeichnen
- Pappe, Karton oder Graupappe, 2–3 mm stark

Zur Ausgestaltung:

- Auswahl an Papier
- Wolle, Stoffe
- Garn o.Ä. für die Haare

Arbeitsmaterial:

- Bleistift, Buntstifte, Wachsmalkreiden und/oder Filzstifte
- Radiergummi
- Schere
- Cutter
- Säge
- Vierkantholz als Haltestab, 10 mm x 5 mm x 1 m
- Holzleim
- Bindfaden
- Akkubohrer und Bohrer 3 mm

TIPP!

Statt selbst gezeichneter Figuren lassen sich auch Bilder aus Katalogen und Zeitschriften oder Fotos verwenden.

Anleitung

1. Die Größe der Figur mit dem Vorzeichenpapier vorgeben, wenn alle Figuren in einem Stück zusammen auftreten sollen. Entwürfe der Kinder, die zu klein oder zu groß geraten sind, lassen sich mit dem Kopierer entsprechend anpassen. Die Vorlage auf Pappe übertragen oder aufkleben und mit Cutter oder Schere ausschneiden.
2. Einen Haltestab in passender Länge für den Spieler absägen und mit Holzleim an der Rückseite der Figur befestigen. Nach kurzer Trockenzeit kann das Spiel beginnen.

Varianten

Für eine Figur mit Bewegungsmechanismus nach dem Hampelmannprinzip wird die Grundfigur ohne die Teile gezeichnet, die sich bewegen sollen. Diese werden extra aufgezeichnet und bekommen noch eine „Verlängerung", mit der sie am Grundkörper befestigt werden.

Alles auf die Pappe übertragen und ausschneiden. Die einzelnen Teile auslegen und testen, an welcher Stelle die Verbindungen eine ideale Bewegung ergeben. An diesen Stellen mit dem Bohrer/Kastanienbohrer ein Loch setzen. Die Teile mit einer Musterklammer oder Bindfaden verbinden.

Tischfiguren

- → Papierfigur
- → Figurenspaß mit Papprollen
- → Einfache Säckchenfigur
- → Theater in der Schachtel

Diese Figurenart wird meist auf einem Tisch als Bühne gespielt. Ihr Vorteil ist, dass sie abgestellt werden kann. Der Spieler bleibt sichtbar. Die Figur wird von hinten über Stäbe oder direkt mit der Hand geführt.

Es gibt einfache Tischfiguren, sogenannte Stellfiguren, die nicht minder wirkungsvoll sind und gerade von Kindern leicht gespielt werden können. Andere Tischfiguren haben ein kompliziertes technisches Innenleben, mit dem Arme, Beine, ja sogar Mund und Augen bewegt werden können.

Tischfiguren können in der Größe von winzig klein bis übergroß variieren. Diese Figurenart bietet eine große Bandbreite von realistischen Ganzkörperpuppen bis hin zu abstrakten Formen. Sie lädt durch ihre Bauweise und direkte Führung zu spontanem Spiel ein. Die Kunst ist, den Fokus im Spiel auf die Figur zu setzen und als Spieler dahinter „unsichtbar" zu werden. Dazu wird im Spiel die Figur angesehen und der Blick ins Publikum vermieden.

Zwei Finger als Beine:

Kleine Papierfigur

Zwei Finger bringen diese Figur zum Laufen, Springen und Tanzen. Menschen, Tiere und skurrile Wesen kommen im Nu ins Spiel. Ein gemeinsames Thema als Vorgabe kann die Fantasie der Kinder beflügeln: Fingerballett, Zootiere, Weltraumbewohner, Unterwasserwesen …

Die Einführung erfolgt mit einer eigenen Figur, an der den Kindern das Prinzip vorgestellt wird.

 Alter: ab 5 Jahre  Zeitaufwand: ca. 30–45 Minuten

Material

Für die Figur:

- Weißer und farbiger Fotokarton, unterschiedliche Papiere
- Durchschreibpapier (Kohlepapier)
- Münze mit dem Durchmesser der Spielfinger

Arbeitsmaterial:

- Bleistift, Radiergummi
- Filz- und Buntstifte
- Schere
- Klebestreifen

Anleitung

1. Ein Modell der Spielfigur auf weißem Papier entwerfen. Die Figur wird ohne die Beine, jedoch mit (übergroßem) Unterkörper aufgezeichnet.
2. Die Skizze mit einer der folgenden Methoden auf den Fotokarton übertragen:
   - Die Vorlage direkt auf den Fotokarton aufkleben.
   - Die Vorlage ausschneiden und die Umrisse auf dem Karton zeichnen.
   - Die Vorlage mit Durchschreibpapier (Kohlepapier) auf den Fotokarton übertragen.
3. Die Figur ausschneiden. An den Stellen, an denen die Finger als Beine herauskommen sollen, mit der Münze zwei Löcher vorzeichnen und ausschneiden. Den Rand der Löcher mit Klebestreifen verstärken.
4. Die Figur farbig gestalten und nach Belieben weitere Elemente aus Papier anfügen, beispielsweise eine Papierkugel als Nase, gebogene Ohren oder Blumen.
5. Zwei Finger durch die Löcher im unteren Teil der Figur stecken, und schon kann das kleine Tischtheater losgehen.

Eine lange, kurze, schmale, dicke Gesellschaft:

Figurenspaß mit Papprollen

Viele verschiedene Pappröhren – viel mehr braucht man nicht für diese leicht herzustellenden Tischfiguren.

 Alter: ab 4 Jahre  Zeitaufwand: ca. 45–60 Minuten (ohne Trockenzeit)

Material

Für die Figur:

- Verschiedene Papprröhren: Versandhülsen, Küchentuchrolle, Pappkerne von Toilettenpapierrollen, röhrenförmige Müsli-Verpackungen …
- Bierdeckel
- Fotokarton, Tonpapier
- Pfeifenreiniger für die Arme
- Wattekugeln oder Perlen für die Nasen
- Steine oder Gardinenbleiband als Gewicht

Zur Ausgestaltung:

- Verschiedene Papiersorten, Tortendeckchen, Gold- und Silberpapier
- Stoffe, Wolle, Glitzerteile, Bänder …

Arbeitsmaterial:

- Schere, Cutter
- Alleskleber (mit Lösungsmittel), Klebestift
- Heißklebepistole
- Bunt- oder Filzstifte, Wachsmalkreide
- Kastanienbohrer
- Metallsägebogen
- Zirkel oder verschiedene runde Formen als Vorlage für den Kreis (z.B. Deckel, Münze, Teller)

1. Aus dem Sammelsurium an Papprollen eine Röhre in gewünschter Dicke aussuchen und eventuell mit dem Cutter oder einem Metallsägebogen kürzen.
2. Die Röhre mit der Heißklebepistole auf einen Bierdeckel kleben. Sie steht damit stabiler.
3. Damit der Schwerpunkt der Figur tief liegt und sie nicht umfällt, in den unteren Teil einen Stein oder Gardinenbleiband mit Heißkleber einkleben.
4. Die Röhre mit einem entsprechend großen Stück weißem oder farbigem Papier umkleiden. Für das Gesicht einen Kreis oder Oval aus Fotokarton ausschneiden und auf den oberen Teil der Röhre kleben.
5. Die Arme aus Fotokarton ausschneiden und ankleben. Für Arme aus Pfeifenreiniger zuvor mit dem Kastanienbohrer rechts und links zwei Löcher in die Röhre bohren und dann einkleben.
6. Der restlichen Ausgestaltung sind keine Grenzen gesetzt.

Lassen Sie sich überraschen, welche Ideen die Kinder entwickeln, wenn sie dafür nur Papier verwenden dürfen!

Die Pappröhren nicht mit Wasserfarben anmalen. Sie könnten sich auflösen.

Alle Vöglein sind schon da:

Eine einfache Säckchenfigur

Diese Tischfigur hat durch die Wäscheklammer einen beweglichen Schnabel. Viele verschiedene Piepmätze versammeln sich zu einem fröhlichen Chor.

Alter: ab 8 Jahre

Zeitaufwand: ca. 60 Minuten (ohne Trockenzeit)

Material

Für die Figur:

- Plastikwäscheklammer, deren Schenkel am Ende abgerundet ist
- Dicker Filz oder Schwammtuch in passender Farbe für den Schnabel
- 1 Kindersocke für das innere Säckchen
- 1 bunte Socke für den Körper
- 2 Holzperlen mit durchgehendem Loch, Ø 2 cm, für die Augen
- Pfeifenreiniger oder Blumendraht, ca. 30 cm
- Graupappe, 2 mm
- Bastelwatte (Füllwatte)
- Schwarzer Acryl-Deko- und Bastellack für die Augen

Zur Ausgestaltung:

- Strick- oder Häkelgarn in verschiedenen Stärken und Farben

Arbeitsmaterial:

- Schere
- Nähzeug
- Klebestift
- Alleskleber (mit Lösungsmittel)
- Allzweckzange
- Pinsel

1. **Körper:**
   Aus der Graupappe ein ovales oder rundes Stück mit einem Durchmesser von 4–6 cm ausschneiden. Damit wird die Standfestigkeit der Figur erhöht.

2. Von der Kindersocke den Fuß unterhalb der Ferse abschneiden. In die ehemalige Fußspitze die Graupappe flach einschieben. Die Socke bis ca. 1 cm unter dem Rand mit Bastelwatte füllen, damit ein Säckchen entsteht. Dieses Säckchen oben zunähen oder abbinden. Den überstehenden Stoff nach außen umlegen und ankleben.

3. An der bunten Socke ebenfalls den Fuß abschneiden. Das Säckchen in diesen Sockenfuß einschieben, sodass die Fußspitzen übereinanderliegen. Den offenen Rand der Socke in Abständen von etwa einem halben Zentimeter bis zum Innensäckchen einschneiden.

4. **Schnabel:**
   Aus dickem Filz oder Schwammtuch zwei langgezogene Dreiecke für den Schnabel schneiden (ca. 8 cm x 2,5 cm. Eines davon kann als Schnabelunterteil etwas kürzer sein. Je ein Schnabelteil auf den oberen und den unteren Schenkel der Wäscheklammer kleben (also auf das geschlossene Ende der Klammer).

   Hinweis: Mit einer zweiten Wäscheklammer die Klebestellen am Schnabel zusammendrücken, bis der Klebstoff angetrocknet ist.

5. **Augen:**
   Blumendraht oder einen Pfeifenreiniger (ca. 15 cm) durch die erste Holzkugel, dann durch das Loch der Schenkelfeder in der Wäscheklammer schieben und auf der Gegenseite die zweite Kugel aufsetzen. Jeweils ein Drahtende um eine Kugel wickeln. Die Drahtenden hinter den Augenkugeln miteinander verzwirbeln. Die Augenkugeln nach oben biegen.

6. Die Klammer mit den Augen wird nun in die Mitte des Körpersäckchens gesetzt. Jeweils einen Stoffstreifen der einen Seite mit einem Stoffstreifen der anderen Seite verknoten. Das darf, muss aber nicht systematisch erfolgen. Wichtig ist, dass zum Schluss der Schnabel mit den Augen fest sitzt.
7. Große Augen auf die Holzkugeln malen. Die Stoffstreifen eventuell kürzen und mit Wollfäden zur „Frisur" ergänzen. Vielleicht bekommen manche Vögel noch Flügel oder Füße aus Filz.

Theater in der Schachtel

→ Die Abenteuer des kleinen Kobolds

Das Theater in der Schachtel ist eine Abwandlung des Papiertheaters. Ein neugieriger, frecher und doch liebenswerter Kobold mit Unfug im Kopf könnte hier sein Unwesen treiben. Seine Abenteuer kann jedes Kind für sich in einer Schachtel umsetzen.

Der Erzählfantasie sind keine Grenzen gesetzt. Die einfach hergestellten Figuren werden von oben geführt. Für ihre Standfestigkeit haben sie am unteren Ende einen Korken und eine Unterlegscheibe. Die Ausgestaltung bleibt der Kreativität der Kinder überlassen. Eine Geschichte lässt sich durch immer neue Figuren erweitern.

 Alter: ab 8 Jahre  Zeitaufwand: ca. 60–90 Minuten (ohne Trockenzeit)

Material

Für das Theater:

- Schuhkarton
- Pappe, Fotokarton und verschiedenen Papiersorten für die Kulissenteile

Für den Vorhang:

- Holzstab, Ø 8 mm, in Länge des Schuhkartons + 8 cm
- 2 Holzkugeln mit Innenloch, Ø 8 mm
- Stoffreste oder Krepppapier

Für die Figuren:

- Flaschenkorken
- Unterlegscheibe, 2,5–3mm
- Schaschlikstäbe
- Verschiedene Papiersorten
- Material zum Ausschmücken: Perlen, Spitze, Glitzer, Naturmaterial

Arbeitsmaterial:

- Holzsäge
- Schere
- Cutter
- Kastanienbohrer
- Alleskleber
- Heißklebepistole
- Klebestift
- Klebestreifen
- Holzleim
- Wachsmalkreiden, Bunt- oder Filzstifte

1. **Theaterschachtel**:
   Eine Längswand des Schuhkartons mit dem Cutter entfernen: Das wird die obere Öffnung, von der die Figuren in der Schachtel geführt werden. Die normale Öffnung der Schachtel ist der Einblick in die Bühne.

2. Den Karton so hinlegen, dass die verbliebene Längswand den Boden bildet. An den beiden Seitenteilen in der vorderen oberen Ecke jeweils ein Loch im Durchmesser des Holzstabs für die Vorhangstange bohren.

3. Das Schachteltheater innen und außen farblich gestalten. Achtung! Wasserfarben nicht zu flüssig verwenden, sonst wellt sich der Karton.

4. Den Stoff oder das Krepppapier für den Theatervorhang zuschneiden: Die Höhe entspricht der Bühnenhöhe, die Länge der 1,5- bis 2-fachen Kartonlänge. Den Stoff- oder Krepppapierstreifen mittig zusammenlegen und halbieren, sodass zwei Vorhanghälften entstehen.

5. In Abständen von 3 cm kleine Löcher für den Holzstab in den oberen Teil des Vorhangs schneiden.

6. Den Bühnenvorhang in das Theater „einfädeln“: Die Holzkugel auf den Holzstab stecken, dann den Stab in das eine Loch am Theaterkasten einschieben, beide Vorhangteile auffädeln, den Stab durch das zweite Loch führen und zum Schluss die zweite Holzkugel aufstecken. Beide Kugeln mit Holzleim fixieren.

7. Die Kulissenteile entstehen aus Pappe oder Fotokarton. Teile, die mitten auf der Bühne stehen, werden unten mit einer Klebelasche versehen und am Boden befestigt.

8. **Figuren:**
   Die Figuren werden selbst entworfen, aus einem Katalog oder aus Fotos ausgeschnitten. Die ausgeschnittenen Figuren zur Stabilität auf Fotokarton aufkleben und erneut ausschneiden.
9. Von dem Korken mit dem Cutter eine 1 cm hohe Scheibe abschneiden und auf eine Unterlegscheibe kleben. In die Mitte der Scheibe einen Schaschlikstab so einleimen oder mit Heißkleber befestigen, dass er nicht auf der Gegenseite herauskommt. Die ausgeschnittene Figur mit Klebestreifen auf der Stabrückseite befestigen.
10. Jetzt geht es ans Ausdenken eines Abenteuers für den Kobold, und dann heißt es „Vorhang auf!"

Tipps aus der Figurentheater-werkstatt
→ Haare, Augen, Nase
→ Richtig kleben

Haare

Haare unterstreichen den Charakter einer Figur und sind nicht nur Kopfbedeckung. Strick- und Häkelgarne sind ideal geeignet, allein schon wegen ihrer Vielfalt an Farben, unterschiedlichen Strukturen und verschiedenen Stärken. Zusätzliche Effekte ergeben sich durch Aufzwirbeln oder Stricken, Waschen und Aufribbeln. Echte Haare sehen unnatürlich und „falsch" aus. Auch Federn sind als Haare nicht empfehlenswert. Sie bleichen mit der Zeit aus, werden schmuddelig und grau.

Eine Auswahl weiterer Materialien für Haare:

- Fell, Kunstpelz, Webpelz, Langhaarplüsch
- Hanf, Flachs
- Filzwolle, Schafwolle im Vlies oder im Kammzug
- Angesprühter Schaumstoff, Schaumstoffstreifen
- Aufgetrennte Putzlumpen
- Metalltopfreiniger oder Kunststofftopfkratzer
- Geschenkbänder oder Stoffstreifen
- Gestrickter oder gehäkelter Schlingenflor
- Obst- oder Gemüsenetz
- Wischmopp
- Bürsten oder Besen
- Borsten aus dem Besen eignen sich hervorragend als Schnurrbarthaare.
- Luftmaschenschlangen
- Stricklieselbänder
- Gewaschene Wolllocken

Bei einem Bummel mit offenen Augen durch die Läden lassen sich bestimmt noch viele weitere Materialien für effektvolle Frisuren entdecken.

Perücke, deren Haare von der Kopfmitte zur Seite fallen:
Strick- oder Häkelgarn in ca. dreifacher Haarlänge über ein Buch oder Holzbrett wickeln, bis die gewünschte Frisurendicke erreicht ist. Einen doppelten Faden des gleichen Garns an einer Seite unter den Wicklungen durchziehen und fest verknoten. Die Wicklungen genau gegenüber der Abbindestelle aufschneiden. Bei dieser Form der Frisur lässt sich leicht ein Pony für die Figur schneiden.

Perücke mit Mittelscheitel:
Wollfäden nebeneinander in gewünschter Scheitellänge über ein Buch oder Holzbrett wickeln. Die Wicklungen vorsichtig aufschneiden und in der Mitte ein Stück Papier unterschieben. Mit der Nähmaschine mittig über die Fäden und das Papier nähen. Das Papier abziehen. Das Papier verhindert beim Nähen, dass die Wollfäden in die Nähmaschine gezogen werden.

Augen

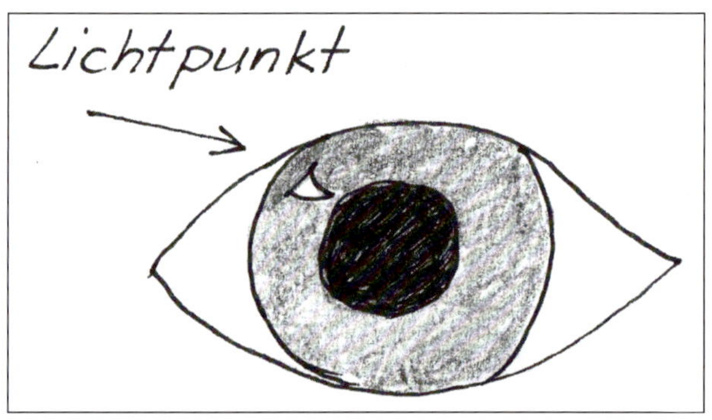

Wackelaugen sind sehr beliebt und lassen eine Figur „süß" aussehen. Für das Figurentheater sind sie jedoch unbrauchbar, denn ihr Blick ist eben „wackelig".

Aufgemalte oder mit Filz aufgeklebte Augen hingegen wirken so, dass die Puppe den Zuschauer ansieht.

Je nach Größe und Art der Figur können schwarze, glänzende Perlen oder Halbperlen als Augen verwendet werden. Auf Holzkugeln passender Größe können die Augen aufgemalt und mit farblosem Nagellack überzogen werden. Die Pupille kann mit schwarzem Nagellack aufgemalt werden.

Ein Lichtpunkt wird mit weißer Farbe links oben in das aufgemalte Auge gesetzt. Er lässt das Auge strahlen und hat den Effekt, dass der Zuschauer sich angesehen fühlt.

Nase

Die Nase gibt die Richtung an, in die die Figur schaut, und sagt viel über die Stimmung aus.

Richtig schneiden, malen und kleben

Zuschneiden von Kunst- und Naturfell:

Niemals mit der Schere durch das ganze Fell schneiden, sondern die gewünschten Stücke nur vorsichtig am Trägervlies oder der Lederseite abtrennen, um die Fellhaare nicht abzuschneiden.

Pappe (3 mm) schneiden:

Pappe lässt sich am besten mit dem Cutter und etwas Druck entlang eines Stahllineals schneiden. Nicht den Ehrgeiz haben, gleich beim ersten Mal durchzukommen. Lieber mehrmals in der gleichen Rille entlangschneiden.

Styroporkugeln bemalen:

Wasserfarbe verläuft auf Styroporkugeln. Sie werden darum vor dem Bemalen vorsichtig mit Schmirgelpapier (Körnung 120) angeschmirgelt, bis keine glänzenden Stellen mehr zu sehen sind.

Die andere Möglichkeit ist es, die Kugel mit Seidenpapierstücken und Tapetenkleister zu kaschieren. Sie wird damit auch haltbarer.

Kleines Klebe-Einmaleins

Das Wichtigste vorweg: Verschiedene Klebstoffe und ihre Einsatzmöglichkeiten immer erst selbst ausprobieren, bevor sie zum Einsatz kommen. Das erspart den Frust, dass etwas nicht hält oder eine zu lange Trockenzeit hat.

Alleskleber ist nicht für Styropor oder Schaumstoff geeignet, weil er sich mit der Zeit ins Material frisst und es zerstört. Produkte ohne Lösungsmittel haben keine hohe Klebkraft und Haltbarkeit. Lieber eine Marke mit Lösungsmittel verwenden und den Raum öfters lüften.

Eine Mischung aus Holzleim und Tapetenkleister (1:1) hat eine hohe Klebkraft z.B. fürs Kaschieren. Der Holzleim sorgt für die feste Verbindung. Der Kleister ermöglicht, dass das Papier noch verschoben werden kann.

Die Heißklebepistole nur unter Aufsicht und nach ausführlicher Erklärung einsetzen. Das dicke Klebematerial ist meistens sichtbar und stört bisweilen bei der Gestaltung.

Holzleim eignet sich für fast alle Materialien und hat eine hohe Klebkraft.

Der Klebestift eignet sich nicht nur für Papier, sondern auch für Stoffverbindungen. Sein Vorteil ist, dass er großflächig aufgetragen werden kann.

Ein guter Textilkleber ersetzt an manchen Stellen den Einsatz der Nähmaschine. Damit ein Stoff an den Rändern nicht ausfranst und sich auflöst, die Kante auf 0,5 cm Breite mit Alles- oder Textilkleber einstreichen und trocknen lassen.

Kraftkleber ist für Schaumstoff gut geeignet. Er wird dazu dünn auf beide Oberflächen aufgetragen. Etwa 5–10 Minuten warten, bis der Kleber sich trocken anfühlt. Anschließend die Teile zusammenfügen und gegeneinander pressen. Den Raum immer gut lüften!

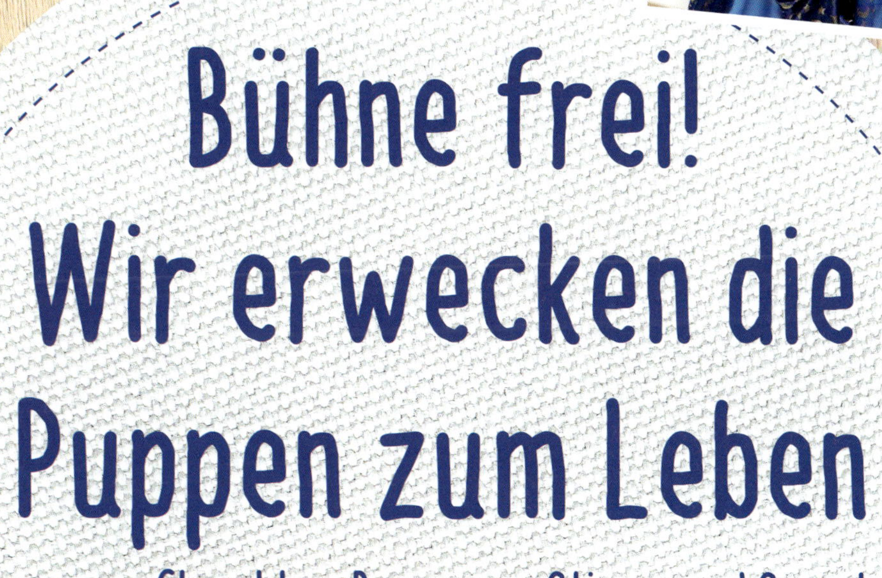

Bühne frei! Wir erwecken die Puppen zum Leben

- → Charakter, Bewegung, Stimme und Sprache
- → Improvisationen allein und zu zweit
- → Von der Spielerei zum Stück
- → Die passende Bühne
- → Die Aufführung
- → Die weite Welt des Figurentheaters

Charakter

Figuren möchten gespielt werden und nicht nur aufgehängt oder zur Seite gelegt werden. **Eine Puppe wird lebendig, wenn eine Beziehung zu ihr besteht.** Sie braucht einen Charakter, eine Stimme, typische Bewegungen, eine eigene Gangart und die für sie eigenen Auftrittsmöglichkeiten.

- Geduldig zu üben, bis sich die Figur wie gewünscht bewegt, lohnt sich.
- Es kann viel Spaß machen, das Spiel vor einem Spiegel auszuprobieren, sich gegenseitig vorzuspielen und Rückmeldung zu geben.

Kinder spielen zunächst sehr unbedarft und intuitiv. Dabei entdecken sie die vielen Spielmöglichkeiten der eigenen Figur, erproben und vertiefen sie. Je mehr dem Spieler über die Figur bekannt ist, umso vielfältiger und lebendiger wird das Spiel. Obwohl alle Kinder Figuren des gleichen Typs gebaut haben, wird es aufgrund der Herstellung und des verwendeten Materials Unterschiede geben. Möglicherweise hat sich beim Bau eine Eigenart eingeschlichen, die jetzt die Besonderheit ausmacht. Die Auswahl des Materials oder des Gegenstandes kann den Charakter der Figur verdeutlichen: ein leichtes Tuch für luftige Figuren, klappernde Blechdosen für geschwätzige Wesen, lange, schlanke Zahnbürsten für quirlige Typen.

Bewegung

Die eigene Figur aus der Hand zu geben fällt schwer. Trotzdem kann durch einen Tausch ein Spieler neue Bewegungen entdecken, weil jeder die Figur anders spielt.

Vom wilden Ausprobieren zum gezielten Auftreten:

- Nach dem ersten spielerischen Ausprobieren erfolgen gezielte Impulse, die die Kinder mit ihrer Figur ausführen. Auch wenn es schwerfällt, sollten sie in dieser Phase möglichst **allein mit ihrer Figur spielen** und nicht schon in Kontakt mit anderen gehen. Die Kinder sind motivierter, wenn sie den Sinn der Übung erklärt bekommen. Alle Aufgabenstellungen sollten klar und einfach sein. Das nimmt die Hemmschwelle für das Spielen und die Angst, dass einem kein Text einfällt.

- Die ersten Spielversuche erfolgen im Raum und nicht auf oder hinter einer Bühne. Das setzt den **Fokus auf das Entdecken und Gestalten der Möglichkeiten** dieser Figur.
- Die Figur aufnehmen, ansehen, ausprobieren, was sie gut kann und was ihr schwerfällt. **Was ist das Besondere** an meiner Figur?
- Beim Spielen den **Blick auf die Figur** richten, damit der Blick der Zuschauer ebenfalls dorthin gelenkt wird.
- Die Kinder sind meist gegenüber sich und anderen sehr kritisch. Sie wissen und sehen oft sehr genau, worauf es ankommt. Nach den ersten individuellen Spielversuchen können sie **vor den anderen Kindern spielen** und eine Rückmeldung von ihnen bekommen.

Bewegung und Gangart:

- fröhlich und traurig
- schnell und langsam
- vorsichtig und forsch
- neugierig und ängstlich
- voreilig und zurückhaltend
- tänzerisch und schwerfällig
- schusselig und selbstbewusst
- neugierig den Raum erkunden
- behutsam und draufgängerisch
- hinlegen, hinsetzen und aufstehen
- bewegen zu ganz unterschiedlicher Musik

TIPP!

Es ist hilfreich, eine Bewegung erst selbst auszuprobieren und dann auf die Figur zu übertragen. Das fördert die Vorstellungskraft und erleichtert die Umsetzung. Das gilt auch für die Gangart. Wenn man mit der eigenen Figur die menschlichen Schritte „puppenhaft“ verkleinert mitmacht, übertragen sich die Bewegungen synchron auf die Puppe. Wenn der Spieler beim Laufen nur die Arme hin und her bewegt, schwankt auch die Puppe nur hin und her.

Einmal gefundene Bewegungen zur Vertiefung wiederholen.

Stimme und Sprache

Die Stimme kann sich durch die Rolle der Figur ergeben. Ein Bösewicht spricht anders als die Prinzessin. **Die Stimme nicht allzu sehr verstellen,** damit das Sprechen bei längeren Auftritten nicht zu anstrengend wird und die Sprechweise durchgehalten werden kann. Eine Stimmlage lässt sich gut finden, indem ein einfacher Satz in verschiedenen Varianten gesprochen wird. Eventuell den typischen Satz aus der „Lebensgeschichte" der Figur verwenden (siehe unten).

Die Figur unterstützt das Sprechen mit Kopfnicken im entsprechenden Rhythmus. Die Hand- und Körperbewegung kann das Gesagte betonen und unterstreichen.

Stimme

- hohe und tiefe Stimmlage
- männlich oder weiblich
- schnell oder betont langsam
- Dialekt
- kleiner Sprachfehler (jedoch aufpassen, dass damit kein Kind aus der Gruppe bloßgestellt wird)
- näseln (durch die Nase sprechen)

Sprache

- Worte verdrehen
- mit Worten spielen
- ein Wort immer wieder verwenden
- unbekannte Fremdsprache
- eine bekannte Fremdsprache
- Gromolosprache: eine Fantasiesprache durch Aneinanderreihung sinnloser Buchstaben- und Wortfolgen
- schwerhörig sein
- weniger sprechen, mehr nonverbal ausdrücken.

Spielidee

- **Die Puppe geht durch den Raum und erklärt dem Spieler, was es dort alles zu sehen gibt.**
- **Die Puppe erklärt dem Spieler einen Gegenstand vollkommen unsinnig.**

Auf dem Marktplatz

Nicht nur weil es schwer ist, sich immer nur auf die eigene Figur zu konzentrieren, dürfen hier alle gleichzeitig ins Gespräch und Kontakt kommen. Die Figuren befinden sich auf einem „Marktplatz" und kommen miteinander ins Gespräch. In dieser Situation können die Stimme und die Sprache gut ausprobiert werden.

TIPP!

Die Figur hat einen typischen Satz oder ein Wort, mit dem sie immer wieder in „ihre" Stimme zurückfindet. Worte mit bestimmten Buchstaben erleichtern hohe oder tiefe Stimmlagen: Die Vokale A, E und I verhelfen zu hohen Stimmlagen, O und U erleichtern tiefe Stimmlagen.

Emotionen

Verschiedene Emotionen vorgeben, die die Figur umsetzt. Eine Figur mit einem lachenden Gesicht kann durchaus traurig sein. Das drückt sich durch die Körperhaltung und durch das Wegdrehen des Gesichtes aus.

- Die Figur sieht etwas und reagiert darauf: z.B. etwas Schönes, Unerwartetes, Ekliges oder Seltsames.
- Die Figur gestaltet einen Platz im Raum, an dem sie sich wohlfühlt.
- Die Figur bekommt eine „Verletzung" und erzählt, wie es dazu gekommen ist.

Lebensgeschichte

Der Spieler füllt für seine Figur einen Steckbrief aus (oder diktiert die Angaben):

- Name
- Alter
- Wohnort
- Lieblingsort
- Vorlieben
- Gute und schlechte Eigenschaften
- Lieblingsessen
- Beruf
- Freunde
- Herkunft
- Besonderheit
- Lieblingsbeschäftigung
- Typischer Satz oder typisches Wort
- Ein ganz besonderes Erlebnis
- Verhältnis zu den anderen Figuren im Stück

Alle tragen zur Lebensgeschichte bei

Alle Figuren werden im Kreis ausgelegt. Vor jeder Figur liegen ein Blatt Papier und ein Stift. Jeder geht reihum und schreibt auf, was ihm oder ihr zu dieser Figur einfällt. Wer die Puppe gebaut hat, darf sich aus dieser Sammlung das heraussuchen, was für seine Figur passt, und in den Charakter einbauen.

Das Interview

In Dreiergruppen können die Puppen sich gegenseitig zur Lebensgeschichte interviewen. Einer spielt, einer fragt, und einer notiert die Antworten.

Was die Figur sonst noch erlebt

Die Figur spielt ihre Hintergrundgeschichte oder ein Abenteuer aus ihrem Leben.

„Ich bin …"

Zu guter Letzt darf sich jede Figur zwei Minuten lang auf der Bühne präsentieren und von sich erzählen.

Ein paar grundsätzliche Gedanken für ein lebendiges Spiel

- Die Figuren werden so langsam gespielt, dass der Zuschauer die Bewegung noch verfolgen kann. Zappelige Bewegungen dürfen Figuren, zu deren Charakter das gehört, ansatzweise machen.
- In der Regel wird immer nur die Theaterpuppe bewegt, die gerade spricht. Die anderen schauen die sprechende Figur an, reagieren zurückhaltend oder hören gespannt zu. Auch bei den Theaterpuppen ist der Blick wichtig!
- Eine Figur, die länger spricht, ab und zu dem Publikum zu- oder abwenden, damit die Zuschauer sie nicht immer nur von einer Seite sehen.
- Die Figuren stehen einander bei einem Dialog nicht ständig direkt gegenüber, sondern halb schräg zur Bühne oder zum Publikum.
- Figuren auf der Bühne nie einfach ablegen, sondern noch eine Weile „beleben", d.h. atmen lassen und dann erst die Hand herausnehmen, bzw. mit der Hand weggehen.
- An der Spielleiste soll immer die ganze Figur sichtbar sein, nicht nur der Kopf. Eine Markierung am Gewand von Hand- oder Stabpuppen zeigt an, wann die Figur gut sichtbar ist.

Verständlich sprechen

Mit viel Spaß können Stimmübungen in die Probenphase eingebaut werden. Sie helfen den Kindern, laut und deutlich zu sprechen. Bei einem längeren Projekt, vor allem mit dem Ziel einer Aufführung vor größerem Publikum, sind Stimmübungen in der Probenphase und vor der Vorstellung sinnvoll.

Laut leise flüstern

Hinter dem Vorhang ein Wort erst leise, dann immer lauter aussprechen, bis es alle Zuhörer verstanden haben. Wer es verstanden hat, hebt die Hand.

Stimmübungen

- Lippen blubbern
- Zunge rollen
- Zunge über die Lippen hinausblubbern
- Kiefer ausschütteln – Zunge raus
- Zunge raushängen
- an das Lieblingsessen denken mit „mmmh!"
- gemeinsam eine Kerze auspusten

Lockerungsübungen

- in den Knien wippen, alles ausschütteln
- Arme mit einer Rechts-links-Drehbewegung schwingend um den Körper schleudern
- Arme hoch über den Kopf und seitwärts dehnen
- Hände ausschütteln, um die Figuren locker bewegen zu können
- mit den Fingern krabbeln

Die Puppen ins Spiel bringen:

Improvisationen allein und zu zweit

Die Puppen sind gebaut, ihre Bewegungsmöglichkeiten sind entdeckt, ihr Charakter ist klar. **Nun ist es Zeit für Spielübungen allein oder zu zweit.** Selbstverständlich werden die kleinen Sequenzen von den Zuschauern mit Beifall belohnt, ergänzt von einer wertschätzenden Rückmeldung darüber, was gut gespielt wurde und welche Tipps man noch geben würde.

Der Auftritt einer Figur allein

Begrüßung

Die Figur erscheint auf der Bühne, schaut sich in Ruhe um (Zeit lassen!), sagt „Guten Morgen" („Guten Tag", „Hallo", „Grüß Gott"), ihren Namen und geht wieder ab.

Die verschiedenen Möglichkeiten für den Auftritt (z.B. von der Seite, schnell, langsam, zögerlich) und den Abgang (z.B. nach unten, nach hinten unten, schnell, langsam, über eine Treppe) ausprobieren. Allzu schnelles Auf- oder Abtauchen vermeiden! Die Figur braucht immer einen Grund für das Kommen und Gehen.

Etwas entdecken

Die Figur kommt auf die Bühne, entdeckt einen Gegenstand und reagiert darauf.

Achtung: Eine Figur sollte erst etwas sehen und dann erst sprechen, nicht gleichzeitig mit der Entdeckung.

Der Auftritt von zwei Figuren

Zwei Figuren treten nacheinander auf. So kann jede Figur für sich erst einmal wirken und wahrgenommen werden. Zu viele Figuren gleichzeitig verwirren.

- Die Figuren nicht zu nah oder zu weit beieinander stehen lassen. Der Abstand drückt etwas über die Beziehung zueinander aus.
- Die Figuren sprechen nacheinander, „Zug um Zug". Die zweite Figur darf erst antworten, wenn die erste mit ihrem Satz ganz fertig ist.
- Bei Dialogen etwas mehr Zeit für die Antwort lassen als in der menschlichen Realität. So kann der Zuschauer der Geschichte besser folgen.

Begegnungen

Eine Figur kommt von rechts, die andere von links. Sie treffen sich in der Mitte, begrüßen einander, tauschen vielleicht zwei Sätze aus und gehen wieder ab.

Gegensätze begegnen einander

Wunderbare Spielideen mit viel Witz entstehen, wenn zwei vom Charakter her unterschiedliche Figuren einander begegnen:

- laute Stimme – leise Stimme
- temperamentvoll – zurückhaltend
- Optimist – Pessimist
- ordnungsliebend – chaotisch

Der Streit

Die beiden Figuren streiten sich um den Platz auf der Spielleiste. Der Streit sollte mit möglichst wenigen Worten oder nur mit Lauten ausgedrückt werden.

Das Wiedersehen

Die Figuren haben einander lange nicht mehr gesehen und freuen sich über das Wiedersehen.

Ich bin nicht allein hier!

Beide Figuren treten auf und stellen fest, dass sie nicht allein sind. Jede bemerkt, dass die jeweils andere Figur genau gleich oder ganz anders aussieht als sie selbst und reagiert darauf z.B. freudig, verwundert, verwirrt oder ärgerlich.

Spiel mit Gegenständen

Auf der Bühne liegen Bauklötze, aus denen die Figuren etwas bauen sollen.

Gemeinsam einen unbekannten Gegenstand untersuchen und rätseln, was das sein könnte.

Ins Gespräch kommen

Zwei Figuren kommen auf die Bühne und unterhalten sich zu einem zuvor vereinbarten Thema:

- Lieblingsessen
- Lieblingsspielzeug
- Film
- Ferien
- Schule
- Musik

Es wird spannender, wenn die Figuren jeweils eine Gegenposition zum Thema einnehmen. Ein passendes und klares Ende für das Gespräch finden und abgehen.

Wir sind viele: „Modenschau"

Nacheinander treten alle Figuren wie bei einer Modenschau auf den Laufsteg (die Bühne) und dürfen sich kurz von ihrer besten Seite präsentieren.

Spieltipps:

Mehr spielen als reden

Die Puppen dürfen spielen und müssen dem Publikum nicht sagen, was sie jetzt gerade machen. Beispiel: „Jetzt setze ich mich hin" ist überflüssig, wenn man sieht, dass die Figur sich hinsetzt.

Die Stimmung

Die Stimmung, mit der die Figur auf die Bühne kommt, überträgt sich auf das Publikum. Mit Sätzen wie „Ich bin müde!" oder „Ich habe keine Lust" werden auch die Zuschauer unlustig.

Konzentration auf meine Figur

Kinder schauen bei einem Dialog eher den Spielpartner an als ihre Figur an. Sie haben Schwierigkeiten, sich auf die eigene Figur zu konzentrieren. Besser als langwieriges Üben ist Anerkennung, wenn diese Fokussierung gelungen ist.

Der Schluss

Einmal auf der Bühne, finden manche Kinder beim Improvisieren kein Ende. Das Spiel darf durchaus mutig durch Klatschen beendet werden. Alternativ wird eine Zeit, z.B. zwei Minuten, vorgegeben.

Von den ersten Spielereien zu einem Stück

Die Begeisterung vom Gestalten und Bauen überträgt sich bei den Kindern auf das erste spontane Spiel mit den fertigen Figuren. Sie sprühen vor Ideen beim improvisierten Zusammenspiel. Von da hin zu einem **gemeinsamen Stück** ist noch ein längerer Weg, der sich jedoch ebenfalls lohnt.

Grundsätzlich sind die Kinder stolz, Gelegenheit für eine Aufführung zu bekommen. Das kann ein Gemeinschaftsprojekt sein, selbst wenn die Spieler mit ihren selbst gebauten Figuren im Mittelpunkt stehen. Es gibt Kinder, die liebend gern die Einladungen gestalten, sich für Eintrittskarten wie im richtigen Theater oder für die Lichttechnik, Geräusche und Musik zuständig fühlen. Viele unterschiedliche Talente können auf diese Weise eingebracht werden.

Die Kunst besteht darin, die Ruhe zu bewahren, alles gut zu koordinieren, Durststrecken auszuhalten und selbst die Begeisterung zu behalten.

Eine Geschichte erfinden

Um erfolgreich gemeinsam eine eigene Geschichte zu erfinden ist es wichtig, dass zu Beginn **erst einmal alle Einfälle willkommen** sind. Sie werden auf einzelnen Blättern notiert und ausgelegt. Im zweiten Schritt werden diese Ideen näher beschrieben. Anschließend werden ähnliche Gedanken zusammengefasst. Neue Einfälle können immer noch dazukommen und ergänzt werden, bis ein roter Faden entstanden ist.

Bei einer **vorhandenen oder selbst erfundenen Geschichte** werden die einzelnen Szenen jeweils auf einem Blatt notiert. Anschließend wird darauf schriftlich festgehalten, wer in dieser Szene auftreten wird, was passieren soll und erste Sätze. Auf diesem Weg ergibt sich von selbst eine Art „Text- und Spielheft".

Der Weg von den Puppen zur Geschichte

Die Geschichte entwickelt sich aus den vorhandenen Puppen. Jede Figur bekommt darin ihren Platz und ihren Auftritt.

Improvisationen

Vielleicht hat sich schon bei den ersten Spielübungen aufgrund der vorhandenen Figuren eine Spielidee ergeben, die nun ausgestaltet werden kann. Das Improvisieren zu dem Thema wird fortgesetzt und vertieft. Der Text entsteht über das improvisierte Spiel.

Anschließend darf jeder sagen, was ihn am besten angesprochen hat. Die Einfälle werden auf einem Plakat festgehalten, ebenso wie gute Sätze und Formulierungen.

Falls eine Idee nicht gleich zündet, ermuntern, bis zum nächsten Treffen daraus in Zweiergruppen eine Geschichte zu schreiben. Manchmal ist es notwendig, selbst eine Geschichte zu verfassen, an der beim nächsten Mal weitergedacht werden kann.

Für die Kinder ist der Reiz groß, selbst eine Geschichte zu erfinden, die sich im Verlauf ändern darf. Andererseits kann sich die Suche ermüdend lange hinziehen.

Lieber immer wieder ins Spielen kommen, als nur theoretisch nachzudenken, was wie gespielt oder gesagt werden könnte.

Das verbindende Element

Eine Beziehung und Gemeinsamkeit zwischen den Figuren suchen oder sich ausdenken:

- Wo würden sie zusammenpassen?
- Wo entsteht Komik, weil sie nicht passen?
- Wo gibt es eine Spannung, aus der eine Geschichte entstehen könnte, z.B. weil die Figuren sehr unterschiedlich sind?

Ein Spielort oder Ereignis als Impuls

- Die Figuren befinden sich alle an einem (besonderen) Ort: Strand, unter Wasser, im Weltall, in einem Schloss, im Wald ...
- Die Figuren befinden sich in einer besonderen Situation: Sie sind in Gefahr; sie müssen eine Aufgabe bewältigen; sie sind in einem fremden Land und verstehen die Sprache nicht ...

Der Weg über eine vorhandene Vorlage

Die Figuren wurden anhand einer Vorlage (eines Märchens, Bilderbuchs, Gedichts oder Liedes) gezielt gebaut. Bei einer vorhandenen Geschichte ist der Stoff dramaturgisch gestaltet, und ein Text liegt vor. Die Geschichte muss jedoch eventuell noch für die Möglichkeiten des Figurentheaters umgeschrieben werden.

Eine Vorlage kann einschränken, weil die Kinder ihre Ideen nur begrenzt einbringen können.

Der Weg über eine Vorlage, die verändert wird

Ideal ist die Verknüpfung von Vorlage und Improvisation. Die Ausgangsidee kann eine vorhandene Geschichte sein, die für die eigenen Bedingungen umgestaltet, ergänzt oder erweitert wird. Die Kinder haben die Möglichkeit, ihre Vorstellungen einzubringen. Die Figuren wurden in Anlehnung an die Vorgabe gestaltet.

Die Kinder sind stärker beteiligt, weil sie den Inhalt, die Szenen, jede Wendung. Lösung oder Agieren der Figuren selbst bestimmen. Zusammen werden Ideen zur Umsetzung gesammelt. Jeder darf einbringen, was ihm gefällt und was verändert werden soll. Vielleicht bekommt der Schluss eine andere Wendung als in der Vorlage.

Der Weg über eine selbst erdachte Geschichte

Anhand verschiedener Methoden wird eine eigene Geschichte entwickelt. Vielleicht entsteht eine **Fortsetzungsgeschichte** mit immer neuen Abenteuern einer Hauptperson.

Methoden zum Erfinden von eigenen Geschichten

Brainstorming

Auf einem Plakat werden alle Gedanken zu einem Thema notiert. Vielleicht ergeben sich schon beim Sammeln Einfälle, die zu einer Geschichte werden.

Zwei Sätze

Der Geschichte wird ein Titel gegeben, z.B. „Ein Ausflug an den See". Die erste Figur/das erste Kind fängt an und sagt zwei Sätze dazu. Die jeweils nächsten setzen die Geschichte mit weiteren Sätzen fort. Die letzte Person findet einen Abschluss.

Und dann ...?

Der erste Satz lautet z.B. „Gestern war ich in der Stadt." Die nachfolgenden Mitspieler setzen die Geschichte jeweils fort mit dem Satz „Und dann...".

Geschichten auswürfeln

Es gibt Spielwürfel mit Symbolen. Damit wird einmal gewürfelt und gemeinsam eine Geschichte ersonnen, in der die oben aufliegenden Symbole vorkommen.

Überschriften für eine Geschichte

Es liegt eine Überschrift für eine Geschichte aus, z.B. „Tumult im Schlosshof". Immer zu zweit erfinden die Kinder dazu eine Geschichte mit maximal sechs bis acht Sätzen.

Bildergeschichte

Fünf zufällig gezogene Bildkarten auslegen und gemeinsam zu einer Geschichte verknüpfen.

Momentaufnahme

In der Mitte liegt ein Foto, eine Postkarte oder eine Bildkarte, die eine Momentaufnahme von einem Geschehen zeigt, z.B. einen Autounfall. Gemeinsam wird überlegt, wie es zu dieser Szene gekommen ist und wie diese Geschichte enden kann.

Karten ablegen

Jeder zieht verdeckt eine Bildkarte vom Stapel. Das erste Kind beginnt mit dem, was auf der Karte zu sehen ist, eine Geschichte. Dann muss jeder versuchen, seine Karte möglichst schnell in die Geschichte einzubauen, um sie ablegen zu können.

Inspirationen mit einem Satz

Mit diesen Satzanfängen darf nach Lust und Laune weitergesponnen werden:

- Was wäre, wenn ...
- Stellt euch vor, was ich gehört habe ...
- Wenn ich könnte, wie ich wollte, dann ...

Ein Bild für unsere Geschichte

Die Kinder malen allein oder zu mehreren ein Bild und erzählen dann, was da passiert ist.

TIPP!

Nicht vergessen, die vielen Ideen gleich mitzuschreiben!

Von den ersten Ideen zur spannenden Geschichte

Klarer Anfang

Die Figuren werden **zu Beginn mit ihrem Charakter eingeführt** und sozusagen vorgestellt. Jeder Figur die Möglichkeit für einen Auftritt geben. Eventuell gibt es einen Helden und viele Helfer. Dem Zuschauer wird vermittelt, in welcher Zeit und an welchem Ort das Stück spielt. Dann kommt das Problem oder der Konflikt dazu, um den es in diesem Stück geht.

Hauptteil

Im Hauptteil wird versucht, ein Problem zu lösen, was sich als nicht so einfach herausstellt. Der Lösung steht immer etwas im Weg. Eventuell kommt unerwartet Hilfe, die zunächst noch scheitert, oder es gibt mehrere Versuche. Der Höhepunkt ist noch einmal besonders damatisch gestaltet.

Klarer Schluss

Der Schluss bietet Entspannung, ein Happy End durch eine, vielleicht auch verblüffende oder unerwartete Lösung – auf jeden Fall ein klares Ende mit einem vereinbarten Schlusssatz.

Anregungen für eine gelungene Probe mit Text und Spiel

Die Kinder müssen, vor allem bei der Verwendung einer fertigen Vorlage, einen Text auswendig beherrschen. Dabei geht oft die Konzentration auf das Spiel verloren, weil es viel Aufmerksamkeit erfordert, die stimmliche Gestaltung des Textes und die Figurenführung zu verbinden. Es fällt leichter, wenn die Kinder den **vorhandenen Text mit eigenen Worten abwandeln,** er aber sinngemäß erhalten bleibt.

- Statt sturen Auswendiglernens selber den Text vorsprechen und die Kinder nachsprechen lassen.
- Die Kinder in die Rolle einfühlen lassen oder ihnen ein Bild geben, um ein Gefühl oder eine Situation auf die Figur übertragen zu können. Sie können sich z.B. vorstellen, wie sie sich in einer bedrohlichen Situation gefühlt haben.
- Eine Schlüsselszene für jede Figur intensiver proben, um dann Spiel, Sprache und Bewegung auf andere Szenen übertragen zu können.

Noch ein paar Anregungen für die Umsetzung

- Figurentheater ist etwas anderes als Menschentheater! Die typischen Möglichkeiten des Puppentheaters und der Puppen ausspielen: z.B. Figuren fliegen, tauchen plötzlich auf oder verschwinden wieder, zerfallen in Einzelteile oder verwandeln sich überraschend.
- Die Geschichte kann aus dem Blickwinkel einer Figur, der Identifikationsfigur, erzählt werden. Sie bringt ihre eigene Deutung und Meinung ins Spiel.
- Teile in der Geschichte werden nicht gespielt, sondern erzählt. Ein Erzähler neben der Bühne führt durch die Rahmenhandlung und gibt den Kindern einen sicheren Rahmen für ihr Spiel.
- In Szenen, in denen viel gesprochen wird, sollten maximal drei bis vier Figuren auftreten. Bei diesem Gespräch dürfen die Figuren nicht zu weit auseinander stehen, damit noch eine Beziehung erkennbar ist.
- Manchmal ist es nicht leicht, alle Ideen der Kinder unter einen Hut zu bringen. Eine Aufführung kann auch aus einzelnen Geschichten bestehen, in denen die Hauptperson immer neue Abenteuer erlebt. Die Einzelgeschichten werden von Kleingruppen mit maximal drei bis vier Kindern erfunden und dauern höchstens fünf Minuten. Ein Erzähler kann von Szene zu Szene leiten.
- Nicht zu viele Ideen in ein Stück packen, sondern lieber ein zweites daraus machen!

Die passende Bühne

Die Wahl der Bühne hängt von der Figurenart, von der Spielweise, den Gegebenheiten und dem Anlass ab. Grundsätzlich sollte sie für einen raschen Auf- und Abbau **nicht zu kompliziert** sein, gleichzeitig jedoch so stabil, dass sie nicht umfällt und schon mal heftige Spielbewegungen aushält. Die Größe der Bühne richtet sich nach der Anzahl der Spieler für eine Szene.

Für das rasche Ausprobieren genügt ein einfacher Aufbau. Für eine Aufführung vor Publikum kann der Aufwand größer sein.

Bau- und Spielweise entscheiden über die Bühne

Offene Spielweise

Es ist nicht notwendig, dass die Spieler immer unsichtbar agieren. Im Gegenteil kann es durchaus reizvoll sein, als Zuschauer ab und zu einen Blick auf die Spieler werfen zu können. Bei dieser offenen Spielweise sind die Spieler für das Publikum sichtbar. Sie sind unauffällig gekleidet. Ein direkterer Kontakt mit dem Publikum ist möglich. Reaktionen können eher in das Spiel eingebaut werden. Gleichzeitig ist die Ablenkungsgefahr gegeben, wenn Freunde und Eltern bei der Aufführung mit im Publikum sitzen.

Bei der offenen Spielweise ist es wichtig, dass es den Spielern gelingt, immer wieder den **Fokus auf die Figur** zu bringen. Trotzdem ist es faszinierend, wie nach kurzer Zeit die Aufmerksamkeit der Zuschauer auf das Geschehen auf der Bühne gelenkt ist und die Spieler hinter den Figuren verschwinden.

Eine Bühne für die offene Spielweise ist einfach herzustellen: Es reicht z.B. ein Tisch oder ein niedriger Vorhang vor den Kindern.

Verdeckte Spielweise

Bei der „verdeckten Spielweise" bleiben die Spieler **für das Publikum unsichtbar.** Für manche Kinder ist es leichter zu spielen, wenn sie sich sozusagen „verstecken" können. Sie fühlen sich sicherer und werden weniger von Reaktionen aus dem Publikum abgelenkt. Andererseits werden hinter dem Vorhang nicht alle Reaktionen vom Publikum wahrgenommen. Ein weiterer Nachteil ist, dass der Vorhang die Lautstärke „schluckt" und **lauteres und deutlicheres Sprechen** nötig ist.

Um verdeckt spielen zu können, bedarf es oft eines größeren Bühnenaufbaus, auch mit mehreren Ebenen. Die „Kasperlbühne", ein schwarzer Vorhang und eine Spielleiste sowie die Marionettenbühne sind klassische Vertreter für diese Spielweise.

Figuren, die von unten geführt werden

Die einfachste Bühne für Figuren wie Hand- oder Stabpuppen ist eine Spielleiste knapp über Kopfhöhe der Kinder, an der ein bodenlanges Tuch aufgehängt ist. Sie steht vor einem neutralen Hintergrund. Auf der Rückseite der Spielgasse lassen sich als Hintergrund Kulissen oder ein neutraler Stoff anbringen. Als Ständer eignen sich Stative oder Leitern mit Querstange.

Es kann schwierig sein, eine passende Höhe zu finden, bei der kein Kind sich extrem strecken oder bücken muss. Die Kinder sollen **bequem mit der Spielerhand nach oben reichen,** sodass die ganze Figur sichtbar ist. Hier können letztendlich nur Kompromisse eingegangen werden. Manchmal reicht es, Schuhe mit höherem Absatz zu tragen.

Weitere Möglichkeiten einer einfachen Bühne für von unten geführte Figuren:

- Die klassische Kasperltheaterbühne im Kasten besteht meist aus einer Vorderseite und zwei Seitenteilen. Der Spielausschnitt verbirgt sich hinter einem Vorhang.
- Ein Tuch mit einer Klemmstange in den Türrahmen spannen.
- Eine Holzlatte zwischen zwei Leitern legen und mit einem Tuch verhängen.
- ein Wandschirm, Paravent oder Raumteiler
- ein Stuhl
- ein Fenster

Figuren, die von oben gespielt werden

Marionettenspieler stehen hinter der Rückwand der Bühne auf einer erhöhten Spielbrücke, von der aus sie die Figuren von oben führen. Für Kindergarten und Schule eignen sich einfachere Lösungen:

- ein Stab mit einem dunklen Tuch in Kniehöhe vor den Kindern
- ein umgedrehter Tisch, der mit einem einfarbigen Hintergrundtuch abgehängt ist und an dem sich auch Kulissen gut befestigen lassen
- ein Stuhl
- Kurzgefädelte Marionetten lassen sich auf einem niedrigen Tisch spielen.

Die Bühne für von oben gespielte Figuren sollte **auf einem Podest** stehen, damit die Zuschauer in den hinteren Reihen noch etwas sehen können.

Figuren, die von hinten geführt werden

Diese Figuren können wunderbar **aus etwas herauskommen,** beispielsweise aus einem Korb, einer Tasche, einem Koffer, einer Tüte oder einem Eimer. Als Bühne bieten sich einfache Lösungen an:

- ein Tisch oder ein Bügelbrett mit einem Tuch darüber
- ein Brett über zwei Holzklappböcke
- ein Tapeziertisch
- der Spielerschoß

Bühnenbild, Kulissen und Requisiten

Obwohl weniger mehr ist, gehören Bühnenbild, Kulissen und Requisiten oft mit dazu. Die Kinder finden damit leichter ins Spiel. Die Puppen können auch hinter einer Kulisse hervorkommen oder dahinter verschwinden. Kulissenteile können zusammengeschoben und auseinandergezogen werden, um dahinter eine neue Szene aufzubauen.

- Übergroße Requisiten können zusätzliche Überraschungseffekte sein.
- Landschaften werden auf große Pappe oder Leinwand aufgemalt.
- Große Kulissenteile entstehen aus Styropor, das mit Papier kaschiert und angemalt wird. Sie sind gleichzeitig haltbar und leicht zu transportieren.
- Das Bühnenbild muss nicht immer großartig auf Leinwand gemalt sein. Mit verschiedenfarbigen Tüchern lässt sich ein Raum atmosphärisch andeuten.

Ein Stück – viele Umbauten

Ein Bühnenumbau darf im Figurentheater auch sichtbar für das Publikum stattfinden. Umbauzeiten können mit einem Lied oder Musik überbrückt werden.

Als Bühnenbild mit Tiefenwirkung für das kleine Spiel mit Tischfiguren eignet sich **die Erzählschiene** sehr gut. Kulissen aus Pappe werden in die Führungsrillen gesteckt und können auch entsprechend den Szenen verschoben oder schnell ausgewechselt werden.

Das Kamishibai ist ebenfalls eine kleine, schnell aufbaubare Bühne und kann als Hintergrund dienen, vor dem das Figurenspiel stattfindet. Ein oder mehrere Bühnenbilder werden im Holzrahmen zwischen den Leisten eingeschoben.

Etwas Technik gehört dazu

Die Technik sollte die wunderbaren Figuren und das Spiel der Kinder ergänzen. Ein Zuviel an Technik birgt das Risiko, dass die Abläufe zu kompliziert werden und die Spielgruppe verunsichern. Das technische Drumherum bietet die Möglichkeit, dass sich Kinder einbringen können, deren Interesse eher im technisch-medialen Bereich liegt. Nicht vergessen, dass die Technik ebenfalls geprobt werden muss.

Der richtige Ton: Live oder vom Band

Live gesprochene Rollen wirken viel lebendiger und lassen während der Aufführung spontane Einfälle und Textänderungen zu. Beim Text vom Band braucht zwar nichts auswendig gelernt zu werden, doch die Handlung muss genau nach der Vorgabe gespielt werden. Das kann längere Probenarbeit bedeuten. Bei einer unerwarteten Unterbrechung auf der Bühne kann einiges durcheinanderkommen.

Mit oder ohne Mikrofon

Ein Headset ist eine tolle Sache, doch authentischer und lebendiger wirkt das Spiel ohne Mikrofon. Auch hier kann die Technik ihre Tücken haben. Schade, wenn die Stimmen wegen knarzender Lautsprecher nicht verstanden werden.

Lieber mit den Kindern üben, laut und deutlich zu sprechen.

Akustische Effekte

Überraschende Geräusche und andere akustische Effekte können in einer Abwechslung von Musik und Spiel eine gute Ergänzung sein und die Zuschauer noch mehr in den Bann ziehen. Für die selbstgemachte Musik oder Geräusche können andere Kinder aktiv werden.

Eine kleine Auswahl von selbstgemachten Geräuschen:

- Grillen in einer Sommernacht: Mehrere Babyrasseln gleichzeitig schütteln.
- Insekten: Mehrere Egg-Shaker zusammen schütteln.
- Vogelstimmenpfeifen
- Schritte: Unterschiedliche zerkleinerte Plastiktüten in einem Stoffsäckchen knüllen.

- Wasser/Wellen: Blechdose mit Erbsen hin und her bewegen. Mit den Händen im Wassereimer plätschern. Zwei Kleiderbürsten über einem Kissen reiben.
- Trockenes Laub: Tonbänder in einem Stoffsack zusammendrücken.
- Pferdegetrampel: Zwei halbe Kokosnussschalen gegeneinander klopfen.
- Donner: Donnerrohr (Pappröhre – an deren einem Ende eine Zugfeder angebracht ist)
- Knisterndes Feuer: Kleingeschnittenes Plastikverpackungsmaterial aus Pralinenschachteln in einem Stoffsäckchen knautschen.
- Loderndes Feuer: Ein großes Ledertuch ausschütteln.
- Schritte im Schnee: Ein Säckchen mit Speisestärke knautschen.
- Scherben: Mehrere Metallplättchen auf einen festen Boden fallen lassen.
- Stimme unter Wasser: In einen Plastikschlauch sprechen

Sicher entdecken die Kinder noch viele weitere Möglichkeiten, wie passende Geräusche die Aufführung untermalen können.

Vieles spricht für **selbstgemachte Musik** gegenüber der „vom Band". Bei kommerzieller Musik müssen vor einer öffentlichen Aufführung die Rechte abgeklärt werden. Vielleicht kann eine Kindergruppe die Aufführung mit selbst komponierter und gespielter Musik begleiten.

Die Figuren ins rechte Licht gerückt

Eine ausgefeilte Lichtanlage ist nicht immer nötig. Manchmal reichen das diffuse **Licht eines Baustrahlers und ein Dimmer,** um die Aufmerksamkeit des Publikums mit dieser Lichtquelle auf das Spiel zu konzentrieren.

Weitere mögliche Lichtquellen:

- Klemmleuchte vor der Bühne
- Nachttischlampe
- Stehlampe
- LED-Kette
- Deckenfluter
- Taschenlampe

Das Lampenfieber steigt!

Die Aufführung vor Publikum

Die meisten Kinder lieben es und sind stolz, wenn sie am Ende einer Bau- und Probenzeit das Ergebnis ihrer Anstrengungen präsentieren dürfen. Für den krönenden Abschluss einige Tipps:

- Das „Drumherum" einer Aufführung ernst nehmen: einfarbige Spielerkleidung, Uhren und Schmuck ablegen, Haare zusammenbinden.
- Bevor es losgeht, den Kindern einen Raum bieten, in dem sie ihre Aufregung ausleben dürfen und zur Ruhe kommen können. Kurz vor der Aufführung die ganze Gruppe zusammenholen und sich gegenseitig viel Erfolg wünschen.
- Ein Zuschauerraum, in dem alle das Geschehen gut verfolgen können, ist das A und O. Eventuell ist ein Podium oder eine stabile Konstruktion aus mehreren Tischen nötig, um den Sehgenuss bis in die hinteren Reihen zu gewährleisten.
- Es sollte selbstverständlich sein, dass die „Großen" nicht vor den „Kleinen" sitzen und ihnen damit die Sicht wegnehmen.
- Kleine Kinder nicht ganz nach vorne setzen. Der Blickwinkel zur Spielleiste ist für sie zu steil. Sie würden von den Figuren nur die Köpfe sehen.
- Konzentration und Ruhe erhöhen sich, wenn es zu Beginn heißt: Licht aus – Vorhang auf! Keine Aufführung neben dem Klappern von Kaffeetassen und Ausschenken von Getränken!

TIPP!

Am Ende der Aufführung gehört es selbstverständlich dazu, dass sich alle Spieler verbeugen und ihre Puppen vorstellen dürfen. An dieser Stelle werden Kinder, die im Hintergrund die Technik gesteuert oder die Einladung gestaltet haben, ebenfalls erwähnt und auf die Bühne geholt.

Die weite Welt des Figurentheaters entdecken:

Begegnung mit den Profis

Die Erfahrung, dass Figurentheater keineswegs „nur Kasperltheater" ist, sondern eine Kunstform mit vielen Facetten – sogar mit einem eigenen Studium – und sogar ein Beruf ist, kann bei Kindern die Faszination am Puppenspiel steigern. Zugleich wirkt der Besuch im Figurentheater, eine professionelle Aufführung in der eigenen Einrichtung oder ein Ausflug in ein Puppentheatermuseum inspirierend auf das ganze Projekt.

Wir gehen ins Puppentheater

Der Besuch eines Puppentheaters oder einer Vorstellung im Rahmen eines Festivals kann für alle ein beeindruckendes Erlebnis sein. Der dafür notwendige organisatorische Aufwand lohnt sich. Wenn möglich das Stück vorher selbst ansehen, um beurteilen zu können, ob es sich für die eigene Gruppe eignet. Die Altersempfehlung unbedingt beachten!

Eventuell gibt es Kinder, die noch nie im Theater waren und damit das erste Mal in Berührung kommen. Ein Gespräch über das, was sie erwartet, kann die Vorfreude steigern. Dieser Ausflug kann der Beginn oder der krönende Abschluss eines Figurentheaterprojektes sein. Manche Theater geben auf Nachfrage nach der Vorstellung dem Publikum die Möglichkeit, einen Blick hinter die Kulissen zu werfen.

Wir laden ein Figurentheater zu uns ein

Nicht weniger interessant ist es, „nur für uns" eine Puppenbühne einzuladen. Die Aufführung lässt sich individuell in den Alltag einbetten. Brotzeit und Toilettengang können zuvor erfolgen, und nach dem Stück haben die Kinder Gelegenheit für Bewegung, zum Nachspielen und Erzählen. Manche Spieler nehmen sich Zeit, nach dem Auftritt die neugierigen Fragen der Kinder zu beantworten und ihnen ihre Figuren zu zeigen.

Vor einem Gastspiel mit dem Theater abklären:

- Räumliche Voraussetzungen für die Bühne
- Auf- und Abbauzeiten abfragen
- Verdunkelungsmöglichkeiten, Stromanschluss
- Ansprechperson in der Einrichtung
- Sitzgelegenheiten klären, Auf- und Abbau
- Altersangabe, Spieldauer
- Inhalt der Geschichte
- Honorar, Fahrtkosten, Nebenkosten
- Eigene Räumlichkeiten prüfen, ob ausreichend Platz zur Verfügung steht und die Sitzgelegenheiten so platziert werden können, dass alle Kinder das Geschehen gleich gut verfolgen können. Besser die Kinder, vor allem die Kleineren weiter entfernt von der Bühne setzen. Für sie ist der Blickwinkel sonst zu steil, sodass sie nur den oberen Teil der Figuren sehen können.
- Wichtige „Nebensächlichkeiten“: Möglichkeit zum Abstellen des Autos, Umkleidemöglichkeit, Rückzugsort, Bewirtung

Wir laden einen Puppenspieler ein

Vielleicht gibt es in der Nähe Puppenspieler, die bereit sind, mit ihren Figuren in die Einrichtung zu kommen und den Kindern die vielen Fragen zum Thema zu beantworten.

Wir gehen ins Museum

Ein Höhepunkt kann ein Besuch in einem Puppentheatermuseum sein. Adressen finden sich im Anhang.

Für alle, die Feuer gefangen haben

Nützliche Informationen und Adressen für alle, die am Puppentheater Feuer gefangen haben und mehr darüber wissen möchten

Fort-, Aus- und Weiterbildungsmöglichkeiten

Figurentheater-Kolleg Bochum, www.figurentheater-kolleg.de

Hof Lebherz – Freie Bildungsstätte für Figurentheater, www.hof-lebherz.de

Arbeitsgemeinschaft für das Puppenspiel e.V., www.hamburgerpuppentheater.de

Arbeitskreis Puppenspiel im Landesverband Amateurtheater Baden-Württemberg, www.arbeitskreis-puppenspiel.de

Verband Bayerischer Amateurtheater, www.amateurtheater-bayern.de

Akademische Ausbildung

Hochschule für Schauspielkunst Ernst Busch, Abteilung zeitgenössische Puppenspielkunst, www.hfs-berlin.de

Staatliche Hochschule für Musik und Darstellende Kunst, Studiengang Figurentheater, www.hmdk-stuttgart.de

Verbände und Vereine

UNIMA Deutschland, Union Internationale de la Marionnette, Zentrum Deutschland e. V., www.unima.de

Verband Deutscher Puppentheater e. V., www.vdp-ev.de

Eine Auswahl an Museen und Sammlungen

„die Kiste", das Augsburger Puppentheatermuseum, Augsburg

villa p., FigurenSpielSammlung Mitteldeutschland, Magdeburg

Figurentheatermuseum Lübeck, Lübeck

Mitteldeutsches Marionettentheatermuseum, Bad Liebenwerda

Museum für Puppentheaterkultur PuK, Bad Kreuznach

Pole-Poppenspäler-Museum, Husum

Puppentheater-Museum Berlin, Berlin

Staatliche Kunstsammlungen Dresden, Puppentheatersammlung, Dresden

Stadtmuseum München, Sammlung Puppentheater und Schaustellerei, München

Weiterführende Literatur – nicht nur für Anfänger

Zeitschriften

Das andere Theater – Dat; Hrsg.: Verband Deutscher Puppentheater e. V.

Double – Magazin für Puppen-, Figuren- und Objekttheater; Hrsg.: Deutsches Forum für Figurentheater und Puppenspielkunst e.V., Bochum

Puppen – Menschen – Objekte; Hrsg.: UNIMA Deutschland. Union Internationale de la Marionnette, Zentrum Deutschland e. V.

Bücher

Eine kleine Auswahl – teilweise leider nur noch antiquarisch zu erhalten.

Albrecht-Schaffer, Angelika, *Schattentheater für Kinder. Das Praxisbuch für das Spiel mit Licht und Schatten.* München: Don Bosco Medien 2016

Bleisch, Hanspeter/Bleich-Imhof, Ursula/ Hürlimann, Werner, *Puppentheater Theaterpuppen. Werk- Spielbuch.* Zürich: Orell Füssli Verlag 1981

Fettig, Hansjürgen: *Figuren Theater Praxis. Hand- und Stabpuppen.* Frankfurt am Main: Verlag Wilfried Nold 1996

Fettig, Hansjürgen: *Hand- und Stabpuppen. Ein Werkbuch für Gestaltung und Technik der Akteure im Figurentheater.* Stuttgart: Frech 1970

Räcker, Peter/Buresch, Wolfgang: *Theaterfiguren zum Spielen und Lernen. Bau- und Spielanleitungen zum Einsatz in Schulen und anderen pädagogischen Bereichen.* Sonderheft Das andere Theater, Frankfurt am Main: Verlag Puppen und Masken 2004

Schlamp, Reiner: *Rot und Blau ist dem Kasperl sei Frau. Figurentheater in Schule und Freizeit.* München: Don Bosco 1981

Steinmann, Peter Klaus: *Theaterpuppen. Ein Handbuch in Bildern.* Frankfurt am Main: Verlag Puppen und Masken 1993

Waldmann, Werner: *Handpuppen – Stabfiguren – Marionetten gestalten – bauen – spielen.* München: Heinrich Hugendubel 1986

Spot an für die Autorin

Angelika Albrecht-Schaffer, Dipl. Sozialpädagogin (FH), Spiel- und Theaterpädagogin, Kulturpädagogin, Referentin für Theater und Puppenspiel, unterrichtete viele Jahre an der evangelischen Fachakademie für Sozialpädagogik in Augsburg. Als Puppenspielerin betreibt sie ihr eigenes Figurentheater „Kladderadatsch". Das Foto zeigt sie hinter der Bühne des Don Bosco Schattentheaters.
www.figurentheater-kladderadatsch.de